JN025328

川畑直人・大島剛・郷式徹［監修］
公認心理師の基本を学ぶテキスト

2

心理学概論

歴史・基礎・応用

加藤弘通・川田 学［編著］

ミネルヴァ書房

公認心理師の基本を学ぶテキスト
監修者の言葉

　本シリーズは，公認心理師養成カリキュラムのうち，大学における必要な科目（実習・演習は除く）に対応した教科書のシリーズです。カリキュラム等に定められた公認心理師の立場や役割を踏まえながら，これまでに積み上げられてきた心理学の知見が，現場で生かされることを，最大の目標として監修しています。その目標を達成するために，スタンダードな内容をおさえつつも，次のような点を大切にしています。

　第一に，心理学概論，臨床心理学概論をはじめ，シリーズ全体にわたって記述される内容が，心理学諸領域の専門知識の羅列ではなく，公認心理師の実践を中軸として，有機的に配列され，相互連関が浮き出るように工夫しています。

　第二に，基礎心理学の諸領域については，スタンダードな内容を押さえつつも，その内容が公認心理師の実践とどのように関係するのか，学部生でも意識できるように，日常の生活経験や，実践事例のエピソードと関連する記述を積極的に取り入れています。

　第三に，研究法，統計法，実験等に関する巻では，研究のための研究ではなく，将来，公認心理師として直面する諸課題に対して，主体的にその解決を模索できるように，研究の視点をもって実践できる心理専門職の育成を目指しています。そのために，調査や質的研究法の理解にも力を入れています。

　第四に，心理アセスメント，心理支援をはじめとする実践領域については，理論や技法の羅列に終わるのではなく，生物・心理・社会の諸次元を含むトータルな人間存在に，一人の人間としてかかわる専門職の実感を伝えるように努力しています。また，既存の資格の特定の立場に偏ることなく，普遍性を持った心理専門資格の基盤を確立するよう努力しています。さらに，従来からある「心理職は自分の仕事を聖域化・密室化する」という批判を乗り越えるべく，多職種連携，地域連携を視野に入れた解説に力を入れています。

第五に，保健医療，福祉，教育，司法・犯罪，産業といった分野に関連する心理学や，関係行政の巻では，各分野の紹介にとどまるのではなく，それぞれの分野で活動する公認心理師の姿がどのようなものになるのか，将来予測も含めて提示するように努力しています。

　最後に，医学に関連する巻では，心理職が共有すべき医学的知識を紹介するだけでなく，医療領域で公認心理師が果たすべき役割を，可能性も含めて具体的に例示しています。それによって，チーム医療における公認心理師の立ち位置，医師との連携のあり方など，医療における心理職の活動がイメージできるよう工夫しています。

　心理職の仕事には，①プロティアン（状況に応じて仕事の形式は柔軟に変わる），②ニッチ（既存の枠組みではうまくいかない，隙間に生じるニーズに対応する），③ユビキタス（心を持つ人間が存在する限り，いかなる場所でもニーズが生じる），という3要素があると考えられます。別の言い方をすると，心理専門職の仕事は，特定の実務内容を型通りに反復するものではなく，あらゆる状況において探索心を持ちながら，臨機応変に対処できること，そのために，心理学的に物事を観察し理解する視点を内在化していることが専門性の核になると考えます。そうした視点の内在化には，机上の学習経験と「泥臭い」現場の実践との往還が不可欠であり，本シリーズにおいては，公認心理師カリキュラムの全科目において，学部生の段階からそうした方向性を意識していただきたいと思っています。

　公認心理師の実像は，これから発展していく未来志向的な段階にあると思います。本シリーズでは，その点を意識し，監修者，各巻の編集者，執筆者間での活発な意見交換を行っています。読者の皆様には，各巻で得られる知識をもとに，将来目指す公認心理師のイメージを，想像力を使って膨らませていただきたいと思います。

　　2019年2月

　　　　　　監修者　川畑直人・大島　剛・郷式　徹

目　次

公認心理師の基本を学ぶテキスト　監修者の言葉

序　章　　あたらしい心理学のはじまり

加 藤 弘 通

1　新たな心理職モデルの模索

　公認心理師資格の設立にともなって，心理職が医療，教育，福祉，司法，産業を中心に様々な現場で活躍することが求められている。これまでも臨床心理士に代表される心理職がこれらの現場で活躍してきたが，今回の資格設立に伴って心理職のあり方に変更が迫られている。

　とくに臨床心理学の領域においては，**科学者―実践者モデル**[1] (the Scientist-Practitioner Model) という考え方にもとづいた新たな心理職像の模索がはじまっている。科学者―実践者モデルとは，1949年アメリカのコロラド州のボルダーで行われた会議で確立されたモデルであり（村椿・富家・坂野，2010），「科学者としての客観的知識や冷静な探究心と，実践家としての技能や人間性の両方を兼ね備えた高度専門職業人をめざす理念」（丹野，2019）である。たとえば，日本心理学会が後援する公認心理師の会は「科学者―実践家モデルに基づいて，高度専門職業人として活躍できる深い専門知識と技能を有する公認心理師をめざして，スキルアップとキャリアアップをめざす団体」（公認心理師の会，2019）と，科学者―実践者モデルをその理念として強く押し出している。

　これまで日本の臨床心理学は，クライエントが示す様々な問題に対して標準

➡1　科学者―実践家モデルと訳されることもある。

的というよりも，各々の実践者が依って立つ理論や立場にもとづいた治療や対応がなされることがしばしばあった（下山，2010）。たとえば，精神分析の立場に立つ者は，行動療法的な手法は積極的に用いないし，逆もまたしかりである。つまり，症状にどのような対応がより効果的かという観点よりも，その実践者が依って立つ理論や立場が優先され，治療法が選択されることがしばしばあったということである。それに対して科学者―実践者モデルの理念は，実践者が依って立つ理論や立場よりも「その問題に対してはどんな治療法がもっとも効果的であるか」といった科学性を重視し，標準的な治療法を確立しようとする立場へ大きくシフトさせることを意図している。もちろん，理論や立場を重視する見方にも，その実践者が得意とするベストな方法で治療にあたるというメリットもあるかもしれない。しかし公認心理師に求められる新たな流れの一つとしては，そうした人や立場に依存した方法ではなく，症状に応じた方法の選択が求められているということである。

　こうした流れと並行して，**エビデンス**という言葉により注目が集まっており，**エビデンスにもとづく医療**（Evidence-Based Medicine：EBM）や**エビデンスにもとづく実践**（Evidence-Based Practice：EBP）といったことがいわれている。これが意味するところは，科学的根拠にもとづいた医療・実践ということであり，特定の理論や立場に依らず，様々な方法を比較検討したうえで，ある特定の症状にもっとも効果的なエビデンスを示した方法を選択せよという立場である。

　またエビデンスには図 0-1 に示したようにその質に関してレベルがある。これまではレベル 5 や 6 にもとづく実践が多かったが，今後はより高いレベルのエビデンスにもとづいた実践が行われるべきであるとされている。そして，当然ではあるが，これらのエビデンスは研究によってつねに更新されていく。したがって心理職がよりよい実践を行うためには，広い範囲の心理学の基礎知識を参照し，自ら思考し選択する力が求められることになる。

図0-1　エビデンスのヒエラルキー

（出所）原田（2015）

2　本書で取り上げる内容

　そこで本巻『心理学概論』は心理学のその広範な領域全体を効率よく概観することを目的に編まれている。公認心理師のカリキュラム等検討会報告書によると，心理学概論は，心理学の成り立ちと人の心の基本的な仕組みおよび働きを内容とし，その到達目標は，心理学・臨床心理学の成り立ちについて概説でき，人の心の基本的な仕組みおよび働きについて概説できることとなっている（厚生労働省，2018）。

　本書は第Ⅰ部「心理学の歴史と基礎」（第1章～第8章）と第Ⅱ部「心理学の応用と公認心理師が活躍する現場」（第9章～第15章）の二部構成になっているが，内容的には歴史・基礎・応用という上記の報告書の「心理学概論」に対応する形になっている。

　まず歴史（第1章）においては，主として現在の科学的心理学へとつながるヴント以降の心理学の歴史を振り返る。心理学研究の基礎から応用への変遷，またその研究対象がどのように分化・変遷したのかを概観し，心理学をより広い文脈に位置づける。歴史を知ることにより，今ある「科学的」心理学が心理学のすべてではなく，他でもありえる可能性をもった学問であることを知ることが目的である。したがって，現在，強く推し進められようとしている科学者―実践者モデルおよびそこで想定されている科学性自体も，（現時点ではベターなものであるとしても）一つのモデルであり，唯一のモデルではないという相

3

対的な視点を得ることが必要である。

　基礎においては，基本的な心の仕組みや働きについて理解することが目的である。まず第2章で生理や神経といった身体的側面から心の仕組みを理解する。心理的な現象や問題が生理・神経学的にどのような基礎をもつのか，また薬物が心の問題を引き起こしたり，軽減したりすることが可能なのはなぜなのかを理解する。第3章では，私たちが物事を認識，処理し，行動するまでの一連のプロセスのもっとも基礎にある知覚と認知およびその両者に関係する注意について概観する。

　第4章では心の変化する側面に注目し発達と学習を扱う。発達と学習の違いを知るとともに，それらがどういう関係性にあるのかということを理解し，主要な発達と学習に関する見方＝理論を概観する。さらに人間は一人で育つのではなく，他者とやりとりする中で育つ。そこで第5章では他者とコミュニケーションするために重要な言語に注目し，それが獲得されるプロセスおよび個人の思考に与える影響や関係性について理解する。

　第6章では，記憶と感情を扱う。私たちは，今だけを生き，目の前の情報を処理するのでなく，それを蓄積し，また蓄積したものによって影響を受ける。具体的には，トラウマや虚記憶の問題を通して記憶と感情の関係について理解する。また第7章では，個性や性格としばしば言い換えられるパーソナリティを扱う。パーソナリティとは何か，またそれはどのように形成されるのか，それらについての様々な理解の仕方＝理論を知る。第8章では，社会や集団，文化といったより広い文脈に位置づけ人間を理解する。人間の行動や態度が，それほど一貫したものではなく，いかに周囲の状況の影響を受け，容易に変わりうるものであるか，社会の中で人間の行動をとらえる重要性について理解する。また併せて研究における再現性の問題——これまでなされた著名な研究の結果が再現されない——についても触れる。そこには様々な社会的要因が働いており，研究という営みもまた人間の社会的行動の一つであることを理解する。

　応用においては，具体的に心理職が活躍する領域にもとづき，必要とされる基礎知識を概観することが目的である。まず第9章で学校と教育に関係する教

育心理学的な知見について扱う。動機づけといった子ども側のやる気にかかわる視点から学習を理解する。また不登校や教育現場の多忙化の問題などにも触れ，学校で生じる諸問題について心理職に求められる介入についても扱う。第10章では，犯罪・司法領域における基本的な知見を扱う。「犯罪とは何か」「犯罪をするとどうなるのか」といった司法プロセスを概観するとともに，犯罪の理解の仕方＝理論および近年注目される発達精神病理学やリスクファクター論にもとづく新たな動向についても扱う。

　第11章では，産業・組織領域を扱う。職場で生じる現象や問題を理解するためには広い視野が必要である。そこでこの章では心理学的な知見のみならず法制度や経営学による知見も扱いつつ，リーダーシップといった経営者・管理職にかかわる知見，動機づけやキャリア発達といった労働者にかかわる知見，そしてそれらを支える労働環境についても扱う。第12章では，医療領域で働く心理職に必要となる知識を概観する。医療現場では心理職のみならず医師や看護師をはじめ多職種の専門家が働いており，連携や協働が必要となる。ここでは生物―心理―社会モデルという考え方にもとづき，多職種間連携における心理職の役割を理解する。また医療現場といっても多様であり，扱う現象も異なってくる。そこで医療領域にはどんな現場があるのかを概観しつつ，心理職が行っている主な活動に触れる。

　第13章では，家族および福祉領域を扱う。家族とは多くの人にとって生活の場であると同時に，多様な形をとりうるものである。またその機能に注目した場合，子どもをはじめとしたメンバーを保護し支えるという機能をもつ一方で，それがうまく機能しない場合，虐待など，ときにメンバーにとってはリスクとなるような側面ももっている。そのような場合，社会的養護という形で，家族外の福祉領域の支援が求められるようになるが，この章ではそこで心理職に必要となる基本的な知識について扱う。第14章では，教育，医療，福祉領域を横断する問題として，障害とアセスメントを扱う。障害の診断基準を知るとともに，なぜ診断が必要なのか，また診断したうえでクライエントを具体的に支援していくために必要となるアセスメントについての基本的な知識を扱う。加え

5

て，障害を理解するためには多様な視点が重要であるが，その多様な視点についての理解を深める。

そして第15章では，心理職が様々な領域の心理的支援でとりうる具体的な方法として心理療法について概観する。心理療法を実践するということは，心理職が自らを道具としてクライエントと向き合うということである。したがって，その道具として自分をつねに客観視し，律し，メンテナンスする必要がある。そのプロセスで重要なものとして，研修やスーパーヴィジョン，倫理の必要性，および専門性の限界の認識についても扱う。

3　心理学概論を学ぶ意義

最後に，心理学概論を学ぶことの意義は，広く浅く知識を得ることにあるのではなく，自らが依って立つ学問をより広い文脈に位置づけるということにある。たとえば，歴史を学ぶ意義は，今ある心理学の成り立ちを知ると同時に，今ある心理学がすべてではなく，他でもあり得た（あり得る）可能性を有したものだということを認識することでもある。そして，それが未来の学問のさらなる発展を支えることになる。また基礎から応用までを広く学ぶ意義は，自分の領域で当たり前だと思っていることが，他の領域ではそうではないということを知り，自らの研究や実践に対する反省的な視点を手に入れるということにある。たとえば，冒頭の科学者―実践者モデルでみたように，科学性，エビデンスといわれると，それが唯一絶対のものであるように錯覚されるといったことが起こりえる。しかし，実際には心理学，とくに臨床心理学が依拠しているエビデンスという科学性は，心理職がどんな治療法を取るのがベターか意思決定をする際の確率論的な情報にすぎない（斎藤，2019）。確率である限り，当然，その方法でうまくいかないこともある。したがって，これからの心理職は，たんに今あるエビデンスにもとづいてマニュアルどおりにことに当たればよいということではけっしてない。それでも生じてくるうまくいかない事態を含め，問題に粘り強く対応していく心理職であるために，他の専門職と同様に，多様

な視点を排除することなく，公認心理師はつねに学びつづける存在である必要
があるだろう。本書はその学びつづける心理職になるための最初のステップに
なることを願って刊行するものである。

引用文献

原田　隆之（2015）．エビデンス・ベイスト・プラクティス入門——エビデンスを
　　「まなぶ」「つくる」「つかう」——　金剛出版

公認心理師の会（2019）公認心理師の会とは　https://cpp-network.com/inten
　　tion.html（2019年11月21日閲覧）

厚生労働省（2018）．公認心理師カリキュラム等検討会報告書　https://www.
　　mhlw.go.jp/file/05-Shingikai-12201000-Shakaiengokyokushougaihokenfukushi
　　bu-Kikakuka/0000169346.pdf（2019年8月31日閲覧）

村椿　智彦・富家　直明・坂野　雄二（2010）．実証的臨床心理学教育における科学
　　者実践家モデルの役割　北海道医療大学心理科学部研究紀要, 6, 59-68.

斎藤　清二（2019）．「エビデンスで殴る」というやり方は，なぜうまくいかない
　　のか——「エビデンスにもとづく医療」から考える——　現代ビジネス, 講
　　談社, 2019.08.29. https://gendai.ismedia.jp/articles/-/66820（2019年8月
　　31日閲覧）

下山　晴彦（2010）．これからの臨床心理学　東京大学出版会

丹野　義彦（2019）．基調講演　科学者―実践家としての公認心理師——新しい令
　　和の時代の心理職——　https://cpp-network.com/intention.html（2019年
　　8月31日閲覧）

第Ⅰ部

心理学の歴史と基礎

第 1 章　心理学史
——心の多様なとらえ方の過去から未来を想像する

荒川　歩

心理学を学んだことのある人であれば，心理学とはこういう学問だという具体的なイメージがあるだろう。しかし，そのイメージのような形で心にアプローチするのは，ごく最近のことで，今後ほんの少しの間だけかもしれない。心理学という名前は同じでも，心をどのようなものととらえてこれにアプローチするかについては変わり続けてきた。公認心理師として，来るべく新しい見方にも柔軟に対応できるように，現在の見方を相対的にとらえる必要があるだろう。そこでこの章では，心理学の歴史を学ぶことを通して，心に対する様々なアプローチを学ぶ。

1　学問としての心理学の位置づけ

1-1　心理学の定義と，心理学の範囲・関連分野

　アメリカ心理学会が定義するところに拠ると，心理学とは「心と行動の学問」である（https://www.apa.org/support/about-apa）。そしてその範囲は，脳の機能から，国の行為，子どもの発達，高齢者のケアにいたるまで様々な領域を含み，科学研究からメンタルヘルスケアにいたる様々な状況において，「行動を理解すること」が，心理学者の目標だとされている。

　現在アメリカ心理学会には，「行動神経科学と比較心理学」から「学校心理学」「産業心理学と組織心理学」「法と心理学」「宗教とスピリチュアリティの心理学」といった様々な分野で56もの部会が存在する。これらの部会名からも

想像されるように，病院場面では，医師や看護師，社会福祉士，精神保健福祉士，作業療法士等，学校場面では教師，司法場面では弁護士，検察官，裁判官，警察官等といったようなそれぞれの専門家とともに，問題解決や改善に当たることになる。

　心理学は，脳科学や神経科学，医学，薬学といった，心と行動に関する生物学的レベルの知見や解釈だけではなく，社会学や情報科学といった，心と行動に関する社会レベルの知見や解釈を用いつつ，独自の関心・方法で心と行動の理解の増進をめざす学問領域である。

　ここで，アメリカ心理学会における心理学の定義に「科学」という語が用いられていないことに，少し注意を払う必要がある。心理学の中には，一般の人が科学という言葉からイメージする自然科学に近い，脳科学や神経科学に近接した研究領域も存在する一方で，心理臨床の場面等，フロイト（Freud, S.）やユング（Jung, C. G.）の人格論に代表されるような，いわゆる自然科学のイメージには合致しない理論が用いられる領域も存在する。これは，一つには，心理学を社会の諸問題の解決のために用いるという目的を考えれば，より厳密な研究によって否定されない限り，今のところ有用に使えて害が少ない理論があれば，当面それを使う方が望ましいと考えられるからであろうし，第二には，心理学の対象やそれを扱ううえでの方法論の歴史的変遷が大きくかかわっていると考えられる。

　そもそも哲学者として有名なカント（Kant, I.）は，1786年に出版された『自然科学の形而上学的原理』の中で「心理学は科学になりえない」と論じた。カントは，数学が適用されることと，化学のように体系的に分析したり，実験したりできることを科学の条件と考えており，心にはそれができないと考えたからである（詳しくは，サトウ（2007）参照）。

　カントの「科学」に対する考え方は，現在の科学に対するそれとは異なる。科学であるための条件については現在でも研究者間で議論があるが，一つの考え方としてポパー（Popper, 1963）の「反証可能性」がある。たとえば「あなたには今日いいことが起こるだろう」と言われたとしよう。そこで1日を終え

たあなたが「いいことなんて起こらなかった」と言っても「でもちゃんとご飯を食べられたでしょう」（何を「いいこと」と呼ぶかという条件のあいまい性）とか「私の仮説を聞いてあなたが行動を変えたからだ」（postdiction＝後付け再構成）などと言い逃れされれば，仮説を反証することは不可能だろう（戸田山，2005）。つまり，根源的に間違えていることを証明することができない仮説や理論は，科学性が低いとされる。ポパーはこの点において，フロイトやアドラー（Adler, A.）を批判した。

また，クーンの**パラダイムシフト論**（1962年）以降，天動説から地動説へと転回（パラダイムシフト）したように，科学的現象があってそれに対する認識が起こるのではなく，社会や文化によって構築された認識が現象を構成するという考え方が重視されるようになった。

現在では，科学的知識は，根拠やその産出方法，その理論の有用性や関連理論や現象との整合性などで総合的に評価される。心理学では，たとえば完全な実験パラダイムに則った研究の結果はもちろん，（そのような実験が困難である場合，あるいはまだ十分行われていない場合に）少数事例の非体系的観察を一般化したものも，行動の理解のために利用されている。

すなわち，現在の基準でいえば，科学か否かは連続的なものであり，心理学が科学かどうかはそれほど重要ではないかもしれない。しかし，19世紀の時点において心理学が科学かどうかは非常に重要であった。

1-2　実験と心理学の出合いと1879年

カントが心理学には不可能だと指摘した二つの点，数学の適用可能性と実験の可能性の問題についてはその後様々な解決案が示されたが，その道のりは平坦なものではなかった。そんな中ベネク（Beneke, F. E.）は，条件を統制したうえで，変数を体系的に変化させることで実験する方法を提案した。この流れを受けて執筆され，当時影響を与えたのがフェヒナー（Fechner, G.）による**『精神物理学原論』**（1860年）である。フェヒナーは，感覚生理学者であるウェーバー（Weber, E.）が生理学的関心から行った研究の知見を**ウェーバーの法**

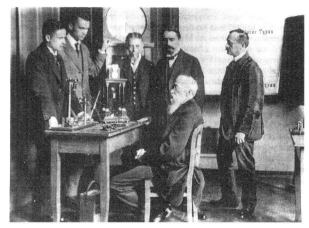

図1-1　ヴントの実験室（座っているのがヴント）
（出所）Jansz & van Drunen（2004），p. 31.

則（ある刺激の強度が増加したと感じるのに必要な強度の変化はそのもともとの刺激の大きさに比例してその比は一定である）として定式化し，さらに**ウェーバー＝フェヒナーの法則**（感覚量＝定数×log 刺激量）と呼ばれる数式を提案した。また，**丁度可知差異**（気づくことのできる最小の刺激の大きさの差）という心理現象に着目して，自分自身だけではなく，家族や，大学の同僚，学生たちを主な被験者として実験を行い（福元，2012），**極限法**，**調整法**，**恒常法**として知られることになる精神物理学的研究法を体系化した。これらは，主観的感覚を実験によって抽出し，数式化する試みとして考えることができる（サトウ，2007）。

　しかし，一般に科学的心理学が成立したとされることが多いのは，1860年ではなく，**ヴント**（Wundt, W.）（図1-1）がドイツのライプツィヒ大学に心理学実験室を開設したとされる1879年（ただしこれは，1876年からあった私的な研究用実験室の授業での使用が正式なカリキュラム上に明記された年にすぎないといわれている）である。ヴントは，もともと医学を修め，精神物理学という名前が冠されていたフェヒナーの方法論を心理学の名のもとに取り入れ，1873年に『**生理学的心理学綱要**』を出版した人物である。この実験室の設立後，様々な国から100人以上の大学院生がヴントのもとで学んだ。ヴントは，発表の場と

して学術雑誌『哲学研究』を発行し，心理学者の養成と心理学の普及に努めた。なお，ヴント自身は，『民族心理学』という名で，実験ではなく観察によって高次の心的過程である文化を扱ったが，こちらはあまり普及しなかった。

　後述するように，当時の「実験」と現代の実験では，いくつかの点では異なっている。いずれにせよ，「実験」を主たる方法として，「科学的心理学」は出発することになった。

1-3　実験的内観と同時代の研究法

　ヴントが実験で用いた方法が，**実験的内観**（experimental introspection）である。従来の心理学の研究者は，高次の心的処理を要する課題を課して，その処理過程について自己観察を行い経時的に複雑な報告を行うことが多かった。これに対して，ヴントは，標準化した機械を用いて刺激を系統的に変化させ提示したうえで，ヴントが心的過程の基本的要素であると考えた感覚と感情という低次の課題について，多くの場合，Yes か No で回答を求め，ときには回答に要する時間を測定した。反応時間研究の際には，もともと師であるヘルムホルツ（Helmholtz, H.）が神経の伝達速度を計測するために用いており，ドンデルス（Donders, F. C.）によって感覚研究に応用された**反応時間研究**の手法が用いられた。この方法では，たとえば，様々な色の光を提示して，何らかの色の光を感じた瞬間に反応するように教示し，刺激から反応までの時間を計測したうえで，今度は，特定の色を感じたときのみに反応するように教示し，再びその時間を計測する。そして，両者の差分を取れば，人が色の判断に要する時間を計測することができると考えた。このようにヴントは，主観・被験者（subject）と対象（object）を切り離し，心的過程について，自然科学のように客観的，受動的，自動的な観察を行おうとした。また当時の「**被験者**」（当時は観察者とも呼ばれた）は，大学院生や実験者が交代で務め，被験者の反応の公正さが実験の結果を左右したことから，被験者の名前が明記されることが多かった。

　ヴントが実験心理学の対象を低次の心的過程に限定したのに対し，ヴントの同時代に，高次の心的過程を対象にする方法を思いついた者もいた。エビング

ハウス（Ebbinghaus, H.）もそのうちの一人である。エビングハウスは学習という高次の心的過程を，**節約法**（同じ無意味綴りの学習をくりかえし，完全に記憶できるようになるまでの時間の短縮を計測する方法）という方法で検証した。研究の被験者はエビングハウス本人ただ一人であった。ヴントのもとで学んだキュルペ（Külpe, O.）も，思考を事前にいくつかの段階に分けて言語的に報告を求める体系的実験的内観と呼ばれる方法を用いて，高次の思考過程を研究対象にした。キュルペら**ヴュルツブルク学派**の研究の成果には，無心像思考（イメージをともなわない思考）や心的構え（mental set）など様々なものがある。

　このように，当時は，研究対象も方法も異なる研究者たちが，心を理解するためにそれぞれなりの多様なアプローチを生み出していた。その一人，**ブレンターノ**（Brentano, F.）は，たとえば，「見る」という知覚において，見た内容ではなく，見る行為の，その志向性や果たそうとする機能のほうに注目し，理論化した。これは**作用心理学**（act psychology）と呼ばれる。また彼は，精神物理学やヴントのように内観による細かな実験の繰り返しで心的過程の情報を蓄積する方法を批判し，ヴントらが批判した自己観察を発展させた現象学的方法を用いた。ブレンターノに学んだフッサール（Husserl, E.）は，「現象学的心理学」という論文を著し，現象記述，現象学的還元，想像自由変容，本質直感の四つの段階で，意識の志向性の意味と構造を解明しようとした。また，音や音楽の研究で有名な**シュトゥンプ**（Stumpf, C.）は，音楽家を被験者として研究を行い，被験者として専門的に訓練された被験者を用いるべきだというヴントと真っ向から対立した。

アメリカでの心理学の展開

　前述したような生理学的手法を心理学に取り込むドイツでの流れは，他の国にも影響を与えた。アメリカでは，ヴントと同じく医学出身のハーバード大学の哲学教授**ジェームズ**（James, W.）が，実験的な手法に加えて現象学的な考察も含んだ**『心理学原理』**（1890年）を著し，多くの研究者に影響を与えた。たとえば，ジェームズは意識を，分解できない連続的なものととらえ，「意識の流れ」という概念を生み出した。さらに進化論の考え方を心理学に取り入れ，

☕コラム1　日本の心理学

　日本では，明治期に欧米の心理学が輸入された。その一つのメルクマールが，アメリカのジョンズ・ホプキンス大学のホールのもとで学んだ心理学者，**元良勇次郎**による帝国大学教授就任であり（1890年），心理学実験室の開室である（1897年）。元良は，心理学を研究し，その成果を広く紹介するとともに多くの弟子を養成した。弟子たちは，各大学での心理学研究室の創設を行うとともに，各種関連領域で活躍した。また一般向けに心理学を紹介する『心理研究』が発刊され（1912年），日本心理学会（1927年）が設立された。

　他方，元良のもとで学び，東京帝国大学助教授に着任した，現在でいうところの異常心理学を専門とする福来友吉は，念写や千里眼といった現象に着目し，御船千鶴子や長尾郁子といった能力者を対象に科学的に研究をしようとした。しかし，公開実験において事故や事件が重なり，これが社会的にも大学的にも問題となって，東京帝国大学を停職，そして退職することとなった。これ以降，異常心理学に関する研究は，大学の心理学教室においては敬遠されることとなり，心理学の臨床領域への参入が戦後まで遅れる原因になったといわれる。

意識を機能的なものとしてとらえなおし，意識の目的は，個人が環境に適応するのを助けるものという見方を示した。また，人間の行動は，本能だけではなく，後天的に学習された習慣によっても構成されると考えた。これらのジェームズのアイデアは，後述する機能主義を含め，多くの人に影響を与えた。また，ジェームズのもとで学んだホール（Hall, G. S.）は，1883年にジョンズ・ホプキンス大学にアメリカで最初の研究用心理学実験室をつくり，機能主義を推進するキャテル（Cattell, J.）やデューイ（Dewey, J.）を教え，宗教心理学や，進化論や発生学にもとづく発達心理学を大幅に推進した。なお，ジェームズ自身は，後にその関心を心理学以外に移したため，ハーバード大学の心理学研究の中心は，ヴントのもとで学び，法と心理学や産業心理学という心理学の社会応用への道を開くことになるミュンスターバーグ（Münsterberg, H.）に譲った。

　他方，同じくヴントのもとで学んだのち，アメリカに渡った**ティチナー**（Titchener, E.）は，心理学の目的は，すべての意識経験を説明する基本意識要素の一覧の作成と，それらの要素がどのように結合するかという結合方法の解明，さらには，各要素やその結合方法と神経活動との関係の検討をすることであると考えた。ヴントも感覚や感情の要素を見出そうとしたが，ヴントが意

識を要素のたんなる集まりとして考えず，統覚と呼ばれる観察できない創造的過程の存在を認める主意主義の立場で意識を説明しようとしたのに対し，ティチナーは，観察可能な意識の記述が科学としての心理学の目的と考えた。このような立場は**構成主義**と呼ばれた。ティチナーは，実験心理学の研究法のテキストを2冊出版し，純粋科学としての心理学研究の厳密化や標準化に貢献したが，構成主義自体は，内観という手法をとっていることや，発達や個人差の観点がないことが批判され，表舞台から消えていった。

　この構成主義と同時代にアメリカで影響力をもったのが**機能主義**である。機能主義は，構成主義者のように意識の要素を分解することに反対し，進化論的立場に立って心の機能を理解し，それを現実生活に役立てようとした。また，心がどのように構成されるかではなく，なぜそのような心的過程や行動が起こるのかに着目した。機能主義の始まりのメルクマールとしては，1896年のデューイの「心理学における反射弧の概念」（Dewey, 1896）が挙げられる。

心理学の社会応用の展開

　この時代の心理学の社会応用との関連で重要な事象として，臨床領域への展開がある。個人差としての心理検査の研究は，イギリスのゴールトン（Galton, F.）に始まったといわれる。ダーウィン（Darwin, C.）のいとこであるゴールトンは，天才の研究から双生児研究も含む遺伝の研究，知能（ゴールトンによると感覚の正確さ）の測定に興味をもち，単語連想テスト（1883年）や，知覚の正確性の測定も含む人体測定学（1884年）を発表した。この研究は副産物として相関（1888年）や平均への回帰の概念を生み出すことになった。このような研究をアメリカにおいて推し進めたのがキャテルであり，**心理検査**（mental test）の名前で様々な検査を実施した。キャテルの検査は妥当性の高いものではなかったため，その後廃れたが，フランスのビネー（Binet, A.）がサイモン（Simon, T.）とともに開発した知能尺度（1905年）は後にシュテルン（Stern, W.）によって知能指数を測定する形式が付与され世に広まった（1911年）。

　臨床場面で心理学が応用されることになるのは，1892年に，書字障害をもつ少年が学校の教師に伴われてアメリカのペンシルバニア大学の**ウィトマー**

（Witmer, L.）のもとを訪れたことに端を発する。ウィトマーはこの問題の専門家ではなかったが，記憶の発達の障害であれば心理学が対応すべきだと考えて介入を行い，それが一定の改善をもたらしたことをきっかけに，世界最初の**「心理学的クリニック」**（1896年）の創設や，『心理学的クリニック』誌（1907年）を発刊した。ウィトマーのクリニックでは，心理学者と医師やソーシャルワーカーが共同し，チームで主に現在でいう学習障害や知的障害のケースにあたり，診断して対応を決定した。

2　対象と方法の模索──20世紀中盤までの心理学

2-1　行動主義と操作主義

　構成主義が，人間の，しかも成人のみに焦点を当てていたのに対し，進化論を取り入れた機能主義は，動物も研究の対象とするようになった。しかし，動物の心理の研究には先例がある。一つめはダーウィンの諸研究であり，二つめは，ロマーネス（Romanes, G.）の『動物の知能』（1882年）である。これらは，進化論にもとづき，動物を観察することで人間の行動を理解しようとするものであった。ロマーネスの研究は，「アナロジーとしての内観」といわれる，動物の内観を行動から推定する方法を用いて行われており，その解釈の行き過ぎについてモーガン（Morgan, C. L.）による批判もあったが（「モーガンの公準」），環境変化への適応過程としての学習に関心をもつ機能主義が力をもつに従い，比較心理学として展開されることになった。その後，ロマーネスらの研究が批判されることによって，比較心理学の研究関心は，心理的解釈を行うことから，ソーンダイクの問題箱の研究（1898年）に代表されるように行動へと関心が移った。

　そんな中，機能主義心理学を学び，1900年から白ラットを用いて，その学習過程についての研究を始めていたワトソンは（Watson, J.），1913年に，**「行動主義者の観点からみた心理学」**と題した講演において，比較心理学者の一部でくすぶっていた現状の心理学が抱える問題を大々的に論じた。この中でワトソン

は，心理学の目的は，ヴント以来の心理学の主題であった意識の解明ではなく，行動の予測と制御であるとし，それまで不可能だとされていた純粋に客観的な実験を行う自然科学の一部門に心理学を位置づける可能性を示してみせた（行動主義宣言）。この講演を受けてすぐに行動主義的研究が席巻したというわけではないが，ワトソンが情動の条件づけ研究を行った1920年ごろから，パヴロフ（Pavlov, I. P.）の**条件反射**研究の成果が多く紹介されるようになったことも相まって行動主義的研究は急速に拡大し（Samelson, 1981），内観ではなく，反応時間の計測といった客観的な手法のみによって行う研究が増加した。

　このようにワトソンの行動主義宣言以降，客観的データを重視し，誤りを防ぐためにデータから理論化することを避ける実証主義的な態度が心理学の研究者らの中で強くなっていった。しかし，20世紀初頭には理論化をまったくしないのは現実的ではないと主張する**論理的実証主義**も広まっていた。その中心的な役割を果たしたのが，ブリッジマン（Bridgman, P. W.）の**操作的定義**という概念である。これは，たとえば，「学習」「不安」といった概念をその内容によって定義するのではなく，その概念を測定するために用いる手続きによって定義するものであり，これによって抽象的概念も客観的に定義できるようになった。具体的に言えば，「学習」という抽象的概念は，正しい行動の増加量によって定義され，また，不安はある尺度の得点の大小で客観的に定義された。この操作的定義によって行動主義は抽象的な概念を扱うことができるようになり，そのような立場は**新行動主義**と呼ばれた。ガスリー（Guthrie, E.）やハル（Hall, C.），トールマン（Tolman, E.）がその代表格である。他方で，厳密な実証主義的な立場を取ったのが，道具的条件づけを提唱したスキナー（Skinner, B. F.）である（第4章参照）。

2-2　精神分析学

　行動主義的心理学は，意識を対象としていた従来の心理学を批判し，行動を対象とする新しい心理学の地平を示してみせたが，心に関する研究は，意識か行動かの二択というわけではない。催眠で有名であったシャルコー（Charcot,

☕ コラム2　心理学のオルタナティブ：ヴント以前の心理学

　パラダイムシフト論が示すように，心理学の対象を意識と考えるか，無意識と考えるか，行動と考えるかによって，実験的内観か，自由連想か，計測かというようにその研究方法も異なる。また当然ながら，計測方法によって，見出される内容も変わる。そのため，どのようなものとして心を見立てるかは非常に重要である。しかし，実験という方法がそれなりに可能なのは17世紀以降の「心」に対する見方以降である。

　17世紀以前，心というものは，生命性という意味での魂（**プシュケー**）のようなもの，あるいは神との関係でいう霊（**プネウマ**）のように考えられることが多かった。そのようなものだと考えられている限り，実験という手法よりも，祈りという方法のほうが，より真実に接近する方法と考えられるかもしれない。17世紀の哲学者**デカルト**（Descartes, R.）は，これまでプシュケーやプネウマといったものによって引き起こされていると考えられていた機能は，身体そのものの性質によって起こっていると考えた。この考えは，ラ・メトリー（La Mettrie, J.）の『**人間機械論**』（1747年）によってさらに明確にされ，化学が対象とする化合物と同列に心も対象として扱うことが可能だという考えが徐々に根づいていくことになった。

　このような変化は，正しい方向への進化とみるよりも，それぞれの時代背景にもとづいて社会的に構築されたパラダイムであり，今後も変わりうるとみたほうが適切だろう。

J. M.）のもとで学んだ臨床医のフロイトは，19世紀末にすでに**無意識**に焦点を当てた**精神分析学**の基本的な考え方を発表していた（ブロイラー［Bleuler, E.］との共著の『ヒステリー研究』は1895年）。その理論は，神経症のような病的な状態についての説明だけではなく，エス（es），自我（ego）や超自我（super ego）にもとづく非合理的行動といったいわゆる正常な状態についての理論も含み，自由連想法や夢分析といった従来とは異なる心への接近方法を含むものであった。フロイトの精神分析学は，多くの研究者や臨床家を刺激し，同じく無意識を対象とするが性に重きをおかない，アドラーの個人心理学やユングの分析心理学など様々な理論を生み出した。

　無意識に着目する彼らの考え方やその社会的な応用は一般市民に人気となったが，行動主義が主流となりつつあったアメリカにおいてそれは学術的な心理学の主流とはならなかった。無意識に関する理論はそれまで精神医学や神経学が主に担当していた領域に心理学者が職域や関心を広げる中で，逆に心理学の理論の中にも取り入れられるようになったとされている。その後心身医学がア

☕コラム3　戦争と心理学

　1917年，アメリカ心理学会会長のヤーキス（Yerkes, R.）は「拝啓　現今の危険な状況の下で，わが国の心理学者たちが防衛の問題について関心をもち，一体となって行動することは明らかに望ましいことであります。」という書き出しで始まる手紙を，アメリカ心理学会審議委員宛に送っている。実際，ヤーキスは，ビネーとサイモン式の知能検査について集団での実施を可能にして，これを軍隊の徴兵検査に応用した。この傾向は第二次世界大戦ではますます強まり，一方で心理学が有用な学問として社会に認知されるきっかけになった。これはアメリカだけではない。日本の心理学会も，1941年に傷病保護部門・軍事部門を含む6部会制になり，1944年には心理学研究の編集規定に「戦力増強に直接役立つ論文」が最優先で掲載されるという一文が設けられた。

メリカで紹介されるにつれて，精神分析が示唆する不適応な行動（たとえばフラストレーションと攻撃性）を実験心理学的アプローチで研究するのが盛んになった。

2-3　ゲシュタルト心理学

　行動主義とも精神分析学とも別の形で，構成主義の心理学と違う心のとらえ方を示したのが，**ゲシュタルト心理学**である。ゲシュタルト心理学は，「全体としての経験」には分解された要素の総和以上のものがあり，各要素はその全体の本質的性質によって規定されるとする立場であり，現象学に強い影響を受けていた。ゲシュタルト心理学の考え方は，シュトゥンプに学んだ経験をもつ**ウェルトハイマー**（Wertheimer, M.）が1910年に発想を得たといわれる，のちにファイ運動の発見につながる研究に始まったとするのが一般的である。縦線と横線が交互に提示された際に，そこに運動を感じるファイ運動自体は新しい発見ではなかったが，各線の点滅という個々の要素だけでは線の運動という経験を説明できないと考えたウェルトハイマーは，コフカ（Koffka, K.）とケーラー（Köhler, W.）とともに，心を意味ある全体（たとえば，群化の原理や図と地の知覚）を生得的に求めるものとして理解することに注力した。

　ゲシュタルト心理学者の多くはドイツで職を得ていたが，ユダヤ人が多かったために，ナチスドイツの興隆とともにその多くがアメリカに亡命することに

なった。ゲシュタルト心理学者として有力なもう一人の人物であるレヴィン（Lewin, K.）も1933年に亡命し，**グループ・ダイナミックス**の観点から，どのような状況が偏見や差別をもたらすかといった主題やその改善方法についてのアクションリサーチ，そしてリーダーシップに関する社会心理学的研究に取り組み，多くの弟子たちを育てた。第二次世界大戦へのアメリカの参戦にかかわって多くの資金が世論や宣伝の心理学研究に向けられたこともあり，社会心理学は大きく発展し，心理学は有用な科学としての評価を得た。

3　大きい文脈からのとらえ直し──20世紀後半の心理学

3-1　人間性心理学

第二次世界大戦の影響も一段落し，社会が安定するに従い，行動主義も精神分析学も目新しさを欠き，両者の心（こころ）観にもとづく，行動と無意識に対する実験的，臨床的研究は一定の成果を上げつつも，それらではカバーしえない限界が一部の心理学者の中で不満となって蓄積してきた。また時代が変わるとともに，人々が求めるものも変わり，人を機械的な諸特徴の束としてみる見方ではなく，何者かである，あるいは何かになりたい存在としてみる見方へと変わっていった（Shiraev, 2014）。これは行動主義のように人間を動物としてみるのではなく，精神分析学のように病を抱えた人を「正常にする」ものとして心理学をみるのではなく，自由意思をもつ人間がより健康でより望ましい状態になることの手助けがどうすれば心理学にもできるかということに関心が向かったのである。この問いは必ずしも目新しいものではなく，現象学や実存主義に影響を受けた心理学では論じられていたテーマである。しかし科学としての一定の評価を得ていたことで，心理学の中でも，狭義の科学としての制約にしばられずに，心理学の中で人間性を改めて問おうという動きが起こった。これが**人間性心理学**のアプローチである。

その代表的人物の一人が，人間個人の主観的現実に重きをおき，その経験をより豊かにするための理論の構築を行ったマズロー（Maslow, A.）である。そ

の成果の一つが，自己実現を最上位におく，欲求の階層説である。また，もう一人の代表的人物が，人間のもっとも基本的な欲求として自己実現をおき，クライエント中心療法を発展させたロジャース（Rogers, C.）であった。

3-2　認知主義

　厳格な行動主義的方法論への不満は，別の形でも現れた。第二次世界大戦後，コンピュータの研究が進み，サイモン（Simon, H.）やニューウェル（Newell, A.）によって人工知能の研究が行われ，その中で，人間の脳の働きをコンピュータの入力や情報処理，出力というメタファーでとらえる考え方が生まれたことを一つのきっかけにして，認知機能の重要性が再認識された。これにより，情報処理モデルとして，人間の認知機能を表現する可能性が模索されるようになり，その成果の一部はナイサー（Neisser, U.）の『認知心理学』（1967年）に集約された。このような認知を重視する考えは，心理学の中で急に生まれたものではなく，1930年代にイギリスのバートレット（Bartlett, F.）の記憶の研究で，記憶において「構成」という情報処理がなされることがすでに指摘されており，また新行動主義においても指摘されてきたものであるが，それがさらに明確な形で推し進められるようになったということができる。これは，ブルーナー（Bruner, J. S.）やチョムスキー（Chomsky, N.）やミラー（Miller, G.）といった言語や思考等高次機能を扱う研究者によって進められた。

4　未来の心のとらえ方

　現代は誰もがスマートフォンなどの情報端末を常時使い，今後は AI や Iot などといった技術も生活のすみずみにまで浸透してくるといわれている。そのような時代には，おのずと現在の心理学とは異なる心の見方，とらえ方が発達してくるだろう。これからますます新しい心観に対応していくことが21世紀にはもとめられるだろう。

❖考えてみよう

　寝言や寝ているときの行動は「心」の働きだろうか。他人の行動と心は一致しているようにみえるのに，自分のことを考えると自分の中に意思ではどうしようもない部分があって，したいと思っていることと違うことをしてしまうこと（虫がすかない，虫の居所が悪いなど）はないだろうか。無意識でも意識でも行動でもない心のとらえ方にはどのようなものがあるだろうか。

もっと深く，広く学びたい人への文献紹介

サトウ タツヤ・鈴木 朋子・荒川 歩（2003）．心理学史　学文社
　☞心理学史のトピックを幅広く，細かく項目立てて紹介している。
佐藤 達哉・溝口 元（1997）．通史日本の心理学　北大路書房
　☞日本の心理学史について包括的に幅広く論じている。

引用文献

Dewey, J.（1896）. The reflex arc concept in psychology. *Psychological Review, 3,* 357-370.
　（山本尚樹（訳）（2018）．ジョン・デューイ（1896）「心理学における反射弧の概念」　生態心理学研究，*11,* 3-9.）
福元 圭太（2012）．『精神物理学原論』の射程——フェヒナーにおける自然哲学の自然科学的基盤——　西日本ドイツ文学，*24,* 13-27.
Jansz, J., & van Drunen, P.（Eds.）（2004）. *A social history of psychology.* Oxford: Blackwell Publishing.
Popper, K. R.（1963）. *Conjectures and Refutations: The growth of scientific knowledge.* London: Routage.
Samelson, F.（1981）. Struggle for scientific authority: The reception of Watson's Behaviorism, 1913-1920. *The History of Behavioral Sciences, 17,* 399-425.
サトウ タツヤ（2007）．近代心理学の成立と方法論の確立の関係　渡邊芳之（編）　心理学方法論（pp. 30-67）　朝倉書店
Shiraev, E.（2015）. *A history of psychology: A global perspective*（2nd ed.）. Los Angeles: Sage.
戸田山 和久（2005）．科学哲学の冒険——サイエンスの目的と方法をさぐる——　NHK ブックス

第2章 生理と神経
——心の生物学的基盤

日 高 茂 暢

　本章では，人の心の働きにおける生物学的基盤について概説する。前半は生理心理学・神経心理学の歴史を通じて中枢神経系の大脳皮質の機能と障害について学ぶ。後半は大脳皮質で心の働きが生じる電気的・化学的メカニズムを学ぶ。精神疾患や障害の背景にある生物学的な問題について理解を深めるための土台となる内容である。本章を通じて，人の心理機能や障害の背景にある中枢神経系の生理・病理について理解を深めたい。

1　脳と心の関係

1-1　生物学的心理学の起こり

　脳卒中などで脳の特定部位になんらかのダメージが生じると，言語（失語など），記憶（健忘など），注意（半側空間無視など），物体認知（相貌失認など），運動（失行など）等，心理機能に影響が生じる。人類が脳と心の関係に注目した歴史は古い。治療者の職業倫理性を説いた医学の父ヒポクラテス（Hippocrates）は，脳外傷が身体のまひや精神状態の変化をもたらすことを記録している。

　脳の特定部位が特定の心理機能に対応するという考え方は**機能局在説**という。初期の機能局在説は，ガル（Gall, F. J.）の**骨相学**（Phrenology）に代表される。骨相学では，脳を言語や哲学など27の精神活動に対応した部位に分け，ある能力の優れた者は対応する脳部位が肥大し，頭蓋骨も隆起するため頭の形から類

推できると考えた。現在では，骨相学は否定されている。しかし，ガルの発想をきっかけに大脳皮質と心理機能の関係を明らかにする生物学的心理学が発展したといえる。

1-2　生物学的心理学からみた"心理学的問題"の理解

　近年，精神疾患の診断基準にはあてはまらないが将来発展するリスクが高い精神状態を，**アットリスク精神状態**（At Risk Mental State：ARMS，**アームズ**）と呼び，注目を集めている。アームズ段階では行動レベルに現れる臨床症状は少ないが，注意や記憶等の認知レベル，脳波等の生物学的レベルに生じている微細な変化をとらえることが予防につながると考えられている（盛本，2017）。

　アームズで指摘される生物学的レベル，認知レベル，行動レベルの特徴や変化を研究することが心理学的問題の病理を理解するうえで役に立つ。ヒュームとスノーリング（Hulme & Snowling, 2009）は各レベルから障害を記述し，**因果モデル**を構築することが重要と述べている。三つのレベルと環境要因の関係性を氷山の図でたとえた（図2-1）。結果として観察される心理学的問題は海面に出た氷山の一部でしかない。生物学的心理学は，海面の下に隠れる原因について，生物学的レベルまでさかのぼって理解しようと試みている。

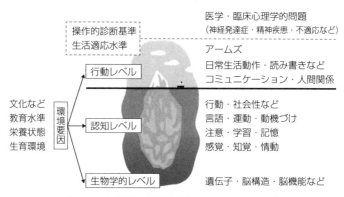

図2-1　心理学的問題は海面に出た氷山の一部

（出所）氷山の画像はフリー素材集「いらすとや」（https://www.irasutoya.com）のイラストを使用。

2　大脳の機能と障害

2-1　大脳皮質の構造と機能局在

　ヒトの中枢神経系は脳と脊髄に分けられ，脳は前脳，中脳，菱脳に分類できる。前脳には大脳半球があり，大脳半球の表面には**大脳皮質**（cerebral cortex）と呼ばれる厚さ2〜4 mm 程度の灰白質（gray matter）の層がある。大脳皮質は脳溝（sulcus）と脳回（gyrus）という凸凹があり，**前頭葉**（frontal lobe），**頭頂葉**（parietal lobe），**後頭葉**（occipital lobe），**側頭葉**（temporal lobe）に分かれる。

　ヒトの大脳皮質は新皮質，古皮質，旧皮質からなる。新皮質は主に学習や記

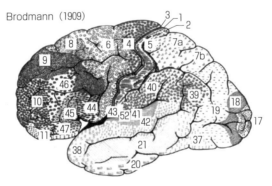

	Brodmannn Area	機能にもとづいた名称
前頭葉	4 野	運動野（primary motor area）
	6 野	補足運動野（supplementary motor area） 運動前野（premotor area）
頭頂葉	3，1，2 野	体性感覚野（somatic-sensory area）
後頭葉	17，18，19野	視覚野（visual area）
側頭葉	41，42野	聴覚野（auditory area）
	43野	味覚野（gustatory area）

図 2-2　ブロードマンの脳地図と主要な部位と機能の対応
（出所）脳地図は Zilles & Amunts（2010）より改変

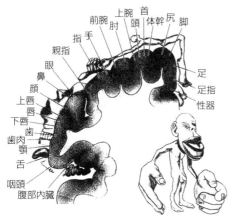

図 2-3　一次体性感覚野の部位と機能の対応と再現像

（出所）Bear, Connors, & Paradiso（2007）より改変

憶，言語などの心理機能に関与し，古皮質や旧皮質は恐怖といった情動や食欲などの本能的な行動に関与する。大脳新皮質は6層構造になっており，脳部位によって各層の厚みが異なる。**ブロードマン**（Brodmann, K.）は，6層構造の厚みが均一な領域をひとまとまりに，解剖学的に脳を1番から52番までに区分けした（**ブロードマンの脳地図**，図 2-2）。後頭葉の17野は現在では一次視覚野として知られ，視覚情報のもつ特定の傾き（方位）や運動方向に選択的に反応するニューロンが存在する。

　また**ペンフィールド**（Penfield, W.）は，てんかんの焦点部位の切除手術において，できる限り健常な脳部位を損なわないようにするため，大脳皮質に電気刺激を与える方法で，脳部位と機能の関連を明らかにした（図 2-3）。ブロードマンの3,1,2野は末梢からの体性感覚情報を処理するため，一次体性感覚野と呼ぶ。図のとおり，一次体性感覚野はその領域ごとに，身体部位に対応するよう配置されている。また唇や指など感受性の高い身体部位ほど，一次体性感覚野に占める面積が大きいことがわかる。

2-2　脳機能の非侵襲的計測法——精神生理学（心理生理学）のアプローチ

　脳に関するデータはCT画像などに代表される構造的データとなんらかの活動によって生じる機能的データに分類できる。ここでは機能的データの計測に焦点を当てる。機能的データには，ニューロンの電気的活動とそれにともなう血流変化や代謝活動などの生理学的反応がある。ニューロン一つひとつの神経活動を計測するには脳を傷つける侵襲的方法が必要になるため，ヒトを対象に

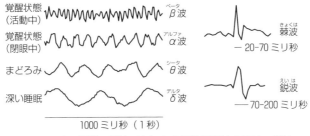

図2-4　各周波数の脳波（左）と突発性異常波の棘波・鋭波（右）の模式図

した精神生理学や神経科学分野では，非侵襲的脳機能計測法が発展してきた。主な計測法には，①脳波（electroencephalography：EEG），②脳磁図（magneto-encephalography：MEG），③機能的核磁気共鳴画像法（functional magnetic resonance image：fMRI），④陽電子放射断層法（positron emission tomography：PET）・単光子放射断層法（single photon emission tomography：SPET），⑤近赤外分光法（near infrared spectroscopy：NIRS）がある。

　たとえば，脳波は頭皮上に設置した電極から計測したものである（図2-4）。目を閉じ安静にしていると8〜13 Hz の周期をもつ α波が出現する。α波は開眼や課題遂行によって消失し，より速い14〜30 Hz の β波が出現する。一方，覚醒水準が下がり，睡眠に移行すると α波より遅い4〜7 Hz の θ波や4 Hz 未満の δ波へと移行する。脳波は睡眠段階の評価ができるほか，意識障害やてんかんの検査，新生児聴力検査など様々な場面で応用されている。てんかん患者の場合，ニューロンの突発的で過剰な電気活動を示す棘波や鋭波が見られる。

2-3　脳損傷による心理機能の障害——神経心理学のアプローチ

　失語症（aphasia）を通じて，言語に関する神経基盤の理解が進んだ。ブローカ（Broca, P. P.）は，発話の困難な症例を検討した結果，発話したい言葉を構音する機能が，左前頭葉下前頭回（ブロードマン44野，三角部と弁蓋部からなるブローカ野）にあると考えた。ブローカ野に病巣をもつ発話困難の失語症をブローカ失語（運動性失語）と呼ぶ。一方，ウェルニッケ（Wernicke, C.）は流暢

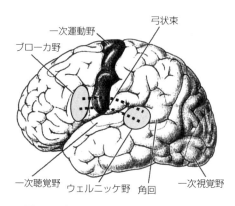

ブローカ失語の症例
（歯医者の予約について質問された際の応答）患者はたどたどしく不明瞭に答えた。「はい…月曜日…お父さんとディック…水曜日 9 時…10 時…医者…と…歯」
ウェルニッケ失語の症例
（2 人の少年がクッキーを盗む写真の説明）患者は流暢に答えた。「お母さんはここにいなくて良くなるために仕事を働いています。だけど，2 人の男の子が他の所を見ているのをお母さんが見ている時は，お母さんは別の時に働いています」

図 2-5　ウェルニッケ―ゲシュヴィントモデルとブローカ失語・ウェルニッケ失語症例の発話例

（出所）Pinel（2003 佐藤・若林・泉井・飛鳥井訳 2005）より改変

に発話するが意味の通らないことが多く，言語理解に問題を示す症例を検討した。その結果，左側頭葉上側頭回後部（ブロードマン 22 野，**ウェルニッケ野**）に病巣をもつ理解困難の失語症を**ウェルニッケ失語**（**感覚性失語**）とした。

　その後，ゲシュヴィント（Geschweind, 1970）が**ウェルニッケ―ゲシュヴィントモデル**としてまとめた（図 2-5）。ゲシュヴィントのモデルでは，会話場面において聴覚入力された言語情報は，一次聴覚野から意味理解するためにウェルニッケ野に送られる。その後，ウェルニッケ野で会話に関する返答などの意味（思考）が生成され，弓状束を通ってブローカ野に送られる。ブローカ野では思考を適切に構音するための運動プログラムが活性化し，一次運動野に伝達される。最終的に一次運動野が構音・発声器官の筋肉を動かすことになる。

3　脳内における情報の伝達

3-1　ニューロンの働き

　神経系には**ニューロン**（neuron）と**グリア細胞**（glial cell）があり，情報伝達を主に担っているのはニューロンである。ニューロンは細胞体（cell body）から軸索（axon）や樹状突起（dendrites）を伸ばしている。細胞体から電気的信

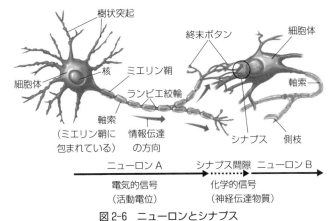

図 2-6 ニューロンとシナプス

（出所）Nolen-Hoeksema et al.（2014）より改変

号が発信されると，軸索を通じて軸索終末部（終末ボタン，terminal buttons）
に送られ，他のニューロンの樹状突起と接触する（**シナプス**，synapse）。シナ
プスは実際には接触しておらず，シナプス間隙という空間がある。隙間がある
ため，電気的信号を直接伝えることができない。そこで化学的信号である**神経
伝達物質**（neurotransmitter）をシナプス間隙に放出することで情報を伝える
（図 2-6）。

3-2 情報の電気的伝導——活動電位

　細胞体から終末ボタンへ発信する電気的信号を**活動電位**（action potential）
という。活動電位の流れる軸索はミエリン鞘（髄鞘，myelin sheath）というグ
リア細胞に包まれている。ミエリン鞘にはランビエ絞輪という隙間がある。こ
の隙間によって跳躍伝導し，活動電位は約120 m/秒という速さで伝わる。

　活動電位はニューロン内外のイオンの移動によって生じる（図 2-7）。活動電
位の発生していないとき，ニューロンの細胞外には，ナトリウムイオン
（Na⁺）が多く存在する。そのため，ニューロン内は電気的に分極し負の性質
をもつ。この細胞内外の電位差は静止膜電位と呼ばれ，約 − 70 mV である
（図 2-7左①）。

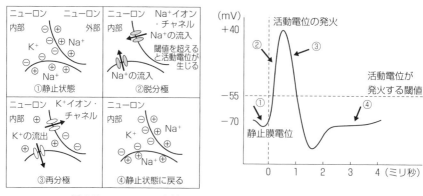

図2-7　ニューロン内外のイオンの移動（左）と活動電位（右）

(注) 右図の数字①〜④は左図と対応。

(出所) Bear, Connors, & Paradiso（2007 加藤・後藤・藤井・山崎監訳）より作成

　ニューロンの細胞膜には**イオン・チャネル**というイオンの通り道がある。ニューロンが刺激を受けると，Na^+に対応したイオン・チャネルが開き，ニューロン内部にNa^+が流入する（図2-7左②）。このときNa^+の流入によって，膜電位は$-70\,mV$から正の方向に上がる。Na^+の流入によって$-55\,mV$を超えると，一気に脱分極が進み約$+40\,mV$をピークとする活動電位が生じる（図2-7右）。膜電位の$-55\,mV$は活動電位が生じる閾値といえる。ニューロンの反応が閾値を超えなければ活動電位は生じず，閾値を超えれば活動電位は生じる（全か無か法則）。

　活動電位の発火後，Na^+のイオン・チャネルは閉じ，Na^+の流入は終わる。そしてK^+のイオン・チャネルが開き，ニューロン内部からK^+が流出し，再びニューロン内部は負の電気的性質に戻ろうとする（図2-7左③）。またNa^+とK^+のバランスを元に戻すポンプが働き，最終的にニューロンは静止状態に戻る（図2-7左④）。

3-3　情報の化学的伝導——シナプス伝達

　シナプスを境に信号の送り手側のニューロンをシナプス前，信号の受け手側をシナプス後と呼ぶ。シナプス前ニューロンの終末ボタンに活動電位が到達す

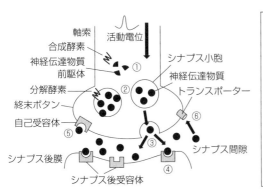

神経伝達物質が放出されるまでの流れ
①酵素によって前駆体から神経伝達物質を合成
②神経伝達物質を小胞内に貯蔵し，余分なものを分解
③活動電位によって，シナプスに神経伝達物質を放出
④神経伝達物質とシナプス後受容体が結合
⑤自己受容体と結合し神経伝達物質の放出を抑制
⑥トランスポーターが神経伝達物質を再取り込み

図2-8　シナプスにおける神経伝達物質の動き
（出所）Bear et al.（2007 加藤他監訳 2007）より作成

ると，シナプス小胞から神経伝達物質がシナプス間隙に放出される。神経伝達物質はシナプス後ニューロンの**受容体**（receptor）と結合する。神経伝達物質と受容体は，その種類ごとに鍵と鍵穴のように対応している（図2-8）。

　神経伝達物質の種類によって，シナプス後ニューロンの膜電位状態は変化する。Na^+など陽性のイオンを流入させ活動電位の生じやすい状態に変化する場合，神経伝達物質に**興奮性**（excitatory）の効果がある。反対に，塩化物イオン（Cl^-）など陰性のイオンを流入させ活動電位の生じにくい状態に変化する場合，神経伝達物質に**抑制性**（inhibitory）の効果がある。

　興奮性の効果をもったシナプス結合を興奮性シナプス，抑制性の効果をもったものを抑制性シナプスという。興奮性シナプスによって静止膜電位の閾値を超えればシナプス後ニューロンは発火する。抑制性シナプスからシャットアウトの信号があれば，シナプス後ニューロンは発火せず情報伝達は終わる。したがって，信号が伝達するか否かはシナプスの結合の仕方によるといえる。

4　神経伝達物質と心の働き

4-1　神経伝達物質の分類と機能

神経伝達物質を大別すると，大分子神経伝達物質の①**神経ペプチド**，小分子

表2-1　代表的な神経伝達物質とその機能

分類	代表例	かかわる心理機能例	関係があると考えられている疾患の例
神経ペプチド	エンドルフィン	報酬，鎮痛	モルヒネやコカインなどの薬物依存
アミノ酸	グルタミン酸	学習・記憶	統合失調症（NMDA 受容体仮説）
	GABA	筋肉の制御，不安	不安障害
モノアミン	ドーパミン	快感，動機づけ	統合失調症（ドーパミン仮説）パーキンソン病
	ノルエピネフリン（ノルアドレナリン）	覚醒，動機づけ	うつ病
	セロトニン	気分や食欲の制御	うつ病，摂食障害，肥満症など
アセチルコリン	アセチルコリン	覚醒・注意	アルツハイマー型認知症，タバコ依存など

（出所）Bear et al.（2007 加藤他監訳 2007）より作成

神経伝達物質の②**アミノ酸**，③**モノアミン**，④**アセチルコリン**，⑤可溶性ガスに分けられる。以下に代表的なものと機能を紹介する（表2-1）。

4-2　薬物が脳と行動に及ぼす影響

　神経伝達物質は，分子形状と合う型の受容体と結合する。そのため外部から神経伝達物質と似た分子形状の物質を取り込むと，心や行動に影響が生じる。シナプスに対する興奮性，抑制性とは別に，本物の神経伝達物質と同様の作用をもたらす薬物を**アゴニスト**（作動薬），本物の作用を阻害し間接的に反対の作用をもたらす薬物を**アンタゴニスト**（拮抗薬）という。

　日常生活の中にもアゴニスト・アンタゴニストは存在する。たとえば，**アルコール**は GABA 受容体のアゴニストである。アルコールは摂取量により，不安軽減，感情や衝動の脱抑制，協調運動の低下，覚醒水準の低下（睡眠，昏睡状態への移行）と作用が変化する。酔いつぶれた状態は呼吸など生命維持に重要な延髄に影響が生じ始めている状態であり，死に至る危険性がある。

　また**カフェイン**はアデノシン受容体のアンタゴニストでドーパミンやノルエピネフリンを抑制するアデノシンの作用を抑えるため，間接的にドーパミン等の作用を高め覚醒水準を上げ精神運動性を高める。しかし一度に大量摂取する

と心拍増大，ふるえ，吐き気，不安などが生じ，場合によっては生命の危険が生じるのである。

　そして，たばこに含まれる**ニコチン**はアセチルコリン受容体のアゴニストで，交感神経と副交感神経の両方に作用する。そのため，精神的興奮と筋弛緩などによるリラックス効果が生じる。さらにニコチンは，報酬系（ある行動に快情動を生起させ，その行動の継続・反復を促進する神経ネットワーク。大脳辺縁系を中心とするドーパミン神経系からなる）のドーパミンに作用しニコチン摂取行動を動機づけられるため，依存しやすい。

4-3　精神疾患の薬物療法

　薬物療法は神経伝達物質という生物学的レベルへのアプローチである。**向精神薬**を用いた**薬物療法**は，精神疾患や神経発達症，てんかんなど多くの疾病に用いられている。たとえば，抑うつ気分と喜び・興味の消失で知られるうつ病には，**抗うつ薬**が用いられる。①三環系抗うつ薬，②四環系抗うつ薬，③選択的セロトニン再取り込み阻害薬（SSRI），④選択的セロトニン・ノルアドレナリン再取り込み阻害薬（SNRI），⑤ノルアドレナリン作動性・特異的セロトニン作動薬（NaSSA）の順に開発されてきた。これらの薬物はうつ病で低下するモノアミン系の受容体を刺激したり，再取り込みを阻害したりすることで，脳内のノルエピネフリンやセロトニンの濃度を上げる。その結果として，抑うつ気分の減少など症状の緩和が起きる。

　しかし，薬物療法だけで心理学的問題がすべて解決するわけではない。中村（2005）によると，抗うつ薬の効果がでるまでの期間は個人差が大きく，少なくとも2週間以上の服薬が必要である。そのため中村は，治療者と患者の治療効果に対する実感や社会生活への影響は時間的なズレが起きやすいため，職場復帰などの時期決定は慎重に決定することを求めている。したがって，薬物療法だけでなく，心理的なアドバイスやカウンセリング，支持的精神療法や認知療法等を組み合わせることが重要なのである。

　本章で扱ったように，心理機能や障害の生物学的心理学は心の問題を考える
土台となる領域である。これらの学習は，生物学的レベルの介入（病理の理
解・心理教育や薬物療法など），認知・行動レベルの介入（心理療法・カウンセリ
ングなど），環境要因の介入（家族支援やケースワークなど）と，多面的に臨床心
理学的問題を考える視点と知識を提供すると期待される。

❖考えてみよう

　コーヒーやたばこなど化学物質を体内に取り込み神経系に作用する嗜好品があ
る。自分が好む嗜好品を一つ取り上げ，その作用機序について，生物学的レベル，
認知レベル，行動レベルの三つのレベルから説明するとどうなるのか考えてみよ
う。またステップアップとして，失語症や記憶障害，うつ病などの脳機能に由来
する障害について一つ取り上げ，三つのレベルから説明し，どのレベルにどのよ
うな働きかけができるか考えてみよう。

もっと深く，広く学びたい人への文献紹介

ピネル，J. P. J.　佐藤　敬・若林　孝一・泉井　亮・飛鳥井　望（訳）（2005）．ピネ
　　ル：バイオサイコロジー——脳―心と行動の神経科学——　西村書店
　　　☞欧米圏の大学で使用される神経・生理心理学の教科書の翻訳書である。エ
　　　ピソードやカラー図版も多く，自習しやすい構成になっている。
緑川　晶・山口　加代子・三村　將（2018）．公認心理師カリキュラム準拠〔神経・
　　生理心理学〕臨床神経心理学　医歯薬出版
　　　☞神経心理学的アセスメントやリハビリテーションについて，臨床現場で必
　　　要とされる内容がコンパクトにまとめられている。

引用文献

Bear, M. F., Connors, B. W., & Paradiso, M. A. (2007). *Neuroscience: Exploring the brain* (3rd ed.). Philadelphia: Lippincott Williams & Wilkins.
（ベアー，M. F.・コノーズ，B. W.・パラディーソ，M. A.　加藤　宏司・後藤
　薫・藤井　聡・山崎　良彦（監訳）（2007）．神経科学——脳の探求——　西村
　書店）
Geschweind, N. (1970). The organization of language and the brain. *Science, 170,* 940-949.
Hulme, C., & Snowling, M. J. (2009). *Developmental disorders of language learning and cognition.* Chichester: Wiley-Blackwell.

盛本 翼（2017）．ARMS の NIRS と ERP　予防精神医学，*2*(1)，75-83.

中村 純（2005）．うつ病の薬物療法　日本医学会シンポジウム記録集，*129*，52-56.

Nolen-Hoeksema, S., Fredrickson, B. S., Loftus, G. R., & Lutz, C.（2014）．Biological foundations of psychology. In S. Nolen-Hoeksema, B. S. Fredrickson, G. R. Loftus., & C. Lutz.（Eds.），*Atkinson & Hilgard's introduction to psychology*（16th, pp. 32-65）Andover: Cengage Learning EMEA.

Pinel, J.（2003）．Lateralization, language, and the split brain. In J. Pinel（Eds.），*Biopsychology*（5th, pp. 312-335）.

（ピネル，J.　佐藤 敬・若林 孝一・泉井 亮・飛鳥井 望（訳）（2005）．ピネル：バイオサイコロジー――脳―心と行動の神経科学――　西村書店）

Zilles, K., & Amunts, K.（2010）．Centenary of Brodmann's map-conception and fate. *Nature Reviews Neuroscience*, *11*, 139-145.

第3章 知覚と認知
──適応と学習のために世界を知る働き

河 西 哲 子

　知覚（perception）とは，感覚器官に入ってきた物理情報から，実際に今そこに存在する事物を分離し，その位置や特徴など事物の正体や性質を知るのに必要な情報を抽出する課題解決過程である。**認知**（cognition）は心の中で起こる一連の働きを総称する用語である一方で，再認（recognition）の意味でも用いられ，知覚過程の産物を知識や記憶と照合して，それが何であり，どのような意味があるかといった情報を導く，より高次な過程を指す。知覚と（後者の意味での）認知は，一度に環境中の刺激すべてを対象にすることはできないので，その時々の重要な情報を選択する注意の働きと密接にかかわる。

　そのようなダイナミックな知覚と認知の働きは，学習やコミュニケーションの土台になる。

1　知　覚

1-1　刺激から知覚へ

　私たちは現実の物理世界と相互作用しながら生きている。だが立体映画やバーチャルリアリティ（仮想現実）の技術が示すように，実際はそこに存在しないにもかかわらず，あると感じられることがある。それはどのようにして可能なのだろうか。刺激は目や耳などの感覚器官で受け取られる。刺激の種類によって異なる感覚入力の様式（**感覚モダリティ**と呼ばれる）があり，それには視覚，聴覚，皮膚感覚（触覚，温覚，冷覚，痛覚），嗅覚，味覚のように外界に対する

ものと，自己受容感覚（運動感覚，位置感覚），平衡感覚，内臓感覚のように自身の運動や身体に対するものがある。それら複数の感覚がタイミングよく生じることが，存在が知覚される条件となる。

　実際には，外界に色や形，音声は存在しない。あるのは光や音波といった**物理的属性**である。ヒトは感覚器官によって特定の刺激のみを受容する。その刺激を**適刺激**という。視覚の適刺激は約400～700 nm の波長の光（電磁波），聴覚では約15～20,000 Hz の周波数の音波である。本章ではこの後，もっとも研究が多い視覚モダリティにおける知覚と認知を中心に述べていく。光は眼球においてレンズのような役割をもつ水晶体を通って網膜に投射され，視細胞の中のたんぱく質の構造を変えてイオンを発生する。それが脳の視覚皮質へと伝わる神経活動を駆動して，さらに後述するような複数の脳領域での処理過程を経たうえで，色や形，動きなどの**心理的属性**が生じるのである。そのため，私たちが経験しているのは，実際に刺激が生じたときよりも少し遅れた世界である。

1-2　知覚の基本特性

　心理的属性が物理的属性と必ずしも一貫しないことについて，視覚における錯覚である錯視は豊富な例を提供する。たとえば，色や明るさなどが，近接する刺激と類似して知覚される**同化**（図3-1a），逆に反対方向に変化して見える**対比**（図3-1b）がある。両脇についた矢羽の向きや傾きによって長さが異なって見えるミューラーリヤー錯視（図3-1c）や，周りの円の大きさによって中心の円の大きさが違って見えるエビングハウス錯視（図3-1d）がある。また異なる位置にある二つの刺激を特定の時間間隔で交互に点滅すると，一つの物体がそれらの位置の間を行き来するように動いて見える**仮現運動**が生じる。実際には動いていないのだからこれも錯視である[1]。

　錯視は間違いというより，刺激から意味ある情報を得るための働きの一端が現れたものといえる。また，要素の足し合わせだけではなく，要素間の法則性

→1　錯視の例は立命館大学の北岡明佳氏のホームページが豊富である。http://www.ritsumei.ac.jp/~akitaoka/

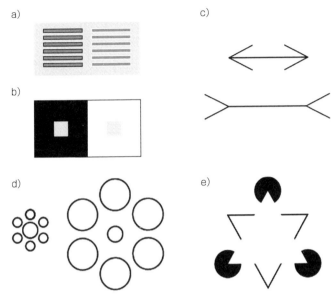

図 3-1　錯視の例：a）同化，b）対比，c）ミュラーリヤー錯視，
d）エビングハウス錯視，e）カニッツァの三角形

から，新たな全体的性質が生じるという知覚の特性を表している。全体的性質
であるまとまり，つまり群化を生じる法則性としては，ゲシュタルト（"よい
形"の意味）の原理がある。古典的には近接，共通運命，類似性，閉合（それ
ぞれ，要素間の距離が近いこと，同時にあらわれたり動いたりすること，色や形な
どの特徴が似ていること，ものの形の輪郭線が閉じていること）が挙げられたが，
近年では連結性（線などでつながっていること）や，顔などの学習されたパタン
（たとえば，顔文字(^_^)）も加えられている（Palmer, 2003）。まとまりは 3 次
元的な知覚もともなう。たとえばカニッツァの三角形（図 3-1e）では，白い三
角形が「図」として手前に，黒い円が「地」として背後にあるように知覚され
る図地の分離が生じる。さらには，実際は存在しない錯視的または主観的な輪
郭が補完されて見える。ただし，錯視は誰にも同等に起こるというわけではな
い（たとえば，Gori, Molteni, & Facoetti, 2016）。

　2 次元の網膜像から生じるという点では，奥行き知覚も物理的属性（2 次

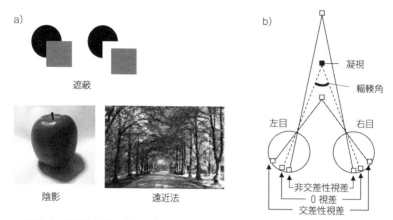

図3-2　奥行き知覚の例：ａ）単眼奥行き手がかり，ｂ）両眼奥行き手がかり

元）と心理的属性（3次元）の不一致を示す。奥行き知覚には多くの奥行き手がかりが用いられる（図3-2a）。たとえば単眼（絵画的）手がかりである遮蔽では，ものとの重なりから手前か奥かといった関係が知覚される（かくれた部分のことは実際はわからないにもかかわらず）。陰影，遠近法，テクスチャ（肌理）の勾配も単眼奥行き手がかりである。テクスチャの勾配とはたとえば壁紙などの一様な模様が遠くにあるほど細かく見えることである。また左右の眼の位置の違いが利用された両眼手がかりがあり，奥行きの違いによる左右眼の網膜像のずれである両眼視差，さらには観察者からの距離，つまり絶対的奥行きによる両眼の向きの差である輻輳角がある（図3-2b）。聴覚でも左右の耳に刺激が到達する時間差が刺激の空間位置を特定するための手がかりとなる。

　物理的な変動の中で，対象固有の特徴を安定して知るための**恒常性**の働きもある。たとえば夕焼けのもとで赤味がかった紙の表面があくまでも白色に見えたり，紙に描かれた図を斜めから見て著しく歪んでいる像でも，正面から見たときのように知覚できたりする。ところで，私たちが移動するときには周りの見え方に一定の動きの流れが生じる。そのときの流れやその変化からも私たちは情報を得ている。たとえば歩いていて道路にちょっとした窪みがあったとき，自然とその幅に合わせて跨ぐことができるだろう。外界の特定の視覚パタンが

直接的に行為を変化させうるような知覚のあり方を，環境がアフォード（提供）するという意味で，ギブソンは**アフォーダンス**と呼んだ（Gibson, 1979 古崎他訳 1985）。興味深いことに，先に述べたエビングハウス錯視（図 3-1d）では大きさが違って見える中心の円に対して，手で摑もうとするときには違いが生じないことが示された（Milner & Goodale, 1995）。主観的に感じられる知覚と必ずしも意識にのぼらない運動のための知覚は，それぞれ独立な働きであると考えられている。

　重要な点として，知覚は必ずしも生得的なものではなく，とくに生後数か月の経験が重要なことが知られる。また，視覚や聴覚などの異なる感覚モダリティを超えて生じることも知覚の性質である。たとえば，人の発する音声が，口の形が矛盾した視覚像によって違って聞こえる**マガーク効果**（McGurk & MacDonald, 1976）や，二つの物体の交差する運動軌跡が，衝撃音をともなうタイミングによって，反発として知覚される現象がある（Sekuler, Sekuler, & Lau, 1997）。また時間やリズムといった，特化した感覚器官がないのに知覚される属性もある。知覚は好ましさや美しさ，逆に不快感などといった感情にも密接にかかわるだろう。

2　認　知

2-1　認知（再認）の基本特性

　冒頭で述べた二つの認知のうち後者の，知識や記憶との照合過程である認知についてみてみよう。その基本的特性としてはまず，対象の大きさや向き，色などの特徴によらず，それが何であるかがわかる点が挙げられる（図 3-3a）。3 次元空間ではとくに，角度によって物体の外観は大きく変わる。それにもかかわらず対象を同定できるのはどうしてだろうか。大まかに二つの考え方がある。**鋳型照合モデル**では，脳の中に外界の対象に対応する鋳型，つまりテンプレートを想定する。しかし外界のものすべてに対してとなると，あまりにも膨大な数になってしまう。もう一つの**特徴分析モデル**では，複数の特徴の組み合

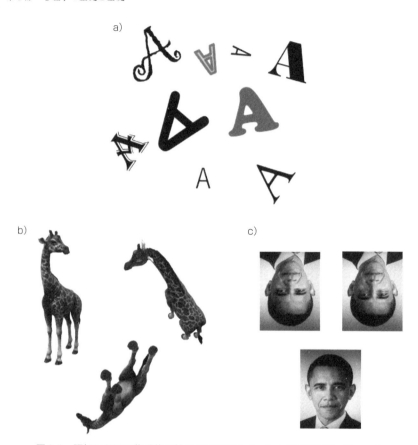

図3-3　認知における物理的属性からの独立性（ａ）と視点依存性（ｂ，ｃ）
（注）ａ）「A」という文字は，異なるフォント，大きさ，向きによらずに「A」であるとわ
　　　かる。
　　　ｂ，ｃ）その対象がもっともそれとわかりやすい，もしくは正確に認識できる向きが
　　　ある。

わせによって多くの物体が表現できると考える。

　視覚の計算理論で著名なマーは，２次元の網膜像から３次元の表象をつくる
ことを視覚の目的として打ち立て，階層的な視覚処理過程を提案した（Marr,
1982 乾・安藤訳 1987）。まずは網膜像における特徴の不連続の抽出である原始
スケッチ，次に観察者視点から見た，様々な奥行きの位置にある表面の記述，

つまり私たちが見ている世界である2.5次元スケッチ，最後に視点の違いによらない普遍的な立体的な表象である3次元スケッチである。最後の段階では複数の立体形状のパーツがあり，その組み合わせで様々な3次元形状を表現しうる。これは特徴分析モデルの一つといえる。しかしやや斜め前からのような典型的な角度から見ると認識しやすいといった，鋳型照合モデルに有利な現象もある（図3-3b）。

　私たちにもっとも身近で，見慣れている刺激に顔や文字がある。いずれもパーツの組み合わせからなり，その違いから顔の場合は人物や感情状態，文字列の場合は音声や意味など，多くの情報がもたらされる。パーツの組み合わせで表現可能である点では特徴分析モデルが有効だが，それだけでは説明がつかない例として，顔を逆さにすると微妙な違いがわからなくなる**倒立効果**が知られる（図3-3c）。よく学習された重要な刺激の特殊性を示す例としては，壁の柄やコンセントなど，顔でないものが顔に見える顔のパレイドリア（pareidolia）という現象があり，これは人以外の動物であるサルにも起こることが示されている（Taubert, Wardle, Flessert, Leopold, & Ungerleider, 2017）。

　認知の特性として，共通する特徴によって**概念化**や**カテゴリー化**が生じることも挙げられる。概念化は膨大な情報を効率的に素早く処理することに役立つ。たとえば，私たちは男女や民族など様々な属性で人をカテゴリー化する。このとき，同じグループ内の人の特徴はより似ていて，違うグループ間の人ではより違っていると認識されやすいだろう（箱田・都築・川畑・萩原，2016）。このことは先述した錯視の同化と対比においても，近接する部分が同じグループに属するか否かによって反対の効果を生じうることに通ずる。明るさや色などの基本属性と，人の社会的属性の知覚に共通性があるという点は興味深い。

　さらに，認知は周囲の刺激や先行する刺激に影響される。たとえば，先行する刺激（プライム）に続けて提示される標的（ターゲット）が単語か非単語かを答える課題の反応は，ターゲットがプライムと音や意味などで共通するときに早くなることが知られる。これはプライム語がもつ音や意味が自動的に活性化されて，後続の処理を促進することを示す。直後にノイズ画像を提示すること

などによって刺激が見えない，つまり意識にのぼらない状況でも，その情報がある程度脳内で処理されていることを示す証拠は多い（下條，1996）。

2-2　認知と脳

　認知過程の解明には，実際に脳内で対象がどう表象されているかについての知見が有益である。脳の後方部にある一次視覚野には，線分の傾きや，光の波長，運動の向きなどに特異的に応答する細胞が，網膜上の位置に高い精度で対応して並んでいる。一次視覚野におけるニューロンの活動はその後，二次視覚野，三次視覚野というように，より高次の視覚野に伝達されていくが，それにつれて情報の空間精度は下がり，応答の特異性は刺激の物理的属性に対するよりも，心理的属性に対するものに近づく。また属性によって異なる脳部位がかかわり，その部位の損傷によって特異的な知覚不全が生じる。大まかには，色や形などの物体認知には主に側頭葉に向かう**腹側経路**，動きや位置などの空間認知には頭頂葉に向かう**背側経路**がかかわる（図3-4）。ただし近年は領域間により複雑な連絡があることがわかっている（Laycock, Crewther, & Crewther, 2007）。

　このように脳における異なる部位や経路は，異なる情報を分業体制で処理しているが，それは，トレードオフの関係にある機能をそれぞれ最大限に発揮するための進化によると考えられる（Farah, 2000）。腹側経路である側頭葉下部の紡錘状回には，顔や目などの顔の部分に特異的に応答する細胞があり，この部位を損傷すると顔の見分けがつかなくなる**相貌失認**が生じることが知られる。表情の知覚には側頭葉内側部にある扁桃体という感情にかかわる部位を介する速い伝達経路がかかわ

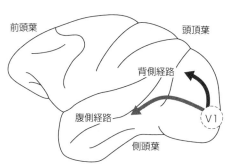

図3-4　単純化された脳の視覚経路の図
（注）実際は前頭部から側頭葉，頭頂葉から側頭葉への連絡や，逆向きの連絡もある。
（出所）Laycock et al.（2007）をもとに作成。

☕コラム　事象関連電位を用いた知覚・認知の研究

　通常，知覚や認知は一瞬で生じる。しかしその一瞬の間には感覚情報から外界を再構築して記憶と照合するまでの複数の処理段階が存在する。行動反応がそれらの最終産物であるのに対して，時間解像度の高い脳機能計測法である事象関連電位（event-related potential：ERP）などを用いると，途中の処理過程がミリ秒（ms：1000分の1秒）の単位で観察可能になる（図3-5）。ERP は，頭皮に貼った電極から導出した脳波を，刺激の出現などの事象の時点で揃えて平均するというように比較的簡便な方法で得られるため，心理学の研究でも身近なものとなっている。例としては，カニッツァの三角形のような主観的輪郭に対しては刺激出現後およそ100〜150 ms の陰性電位，顔や文字列に対しては170 ms ほどに頂点をもつ N170 などが生じることが知られ，精神疾患や学習障害の知覚・認知機能の評価にも用いられている。また後述する注意や認知制御にかかわっても多くの ERP 成分が見出されており，葛藤の検出や反応抑制にかかわる N2，妨害刺激を無視して標的を選択することにかかわるN2pc（posterior-contralateral），新奇な刺激や課題関連の刺激への注意配分を反映する P3，作業記憶（後述）の保持にかかわる CDA（contralateral delay activity），遂行のモニタリングにかかわるエラー関連陰性電位（error-related negativity）など，それぞれがかかわる心理過程の発達と障害のマーカーとなりうる（レビューとして，Downes, Bathelt, & de Haan, 2017）。興味深い知見の一つとして，CDA の振幅の結果から，短期記憶の容量の個人差が，課題無関連な刺激を無視する能力とかかわることが示されている（Vogel, McCollough, & Machizawa, 2005）。

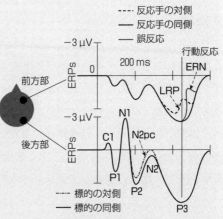

図3-5　ERP の例

（注）視覚刺激に反応する課題における頭部の前方と後方から記録された典型的な ERP を示す。横軸は刺激が出てからの時間。前方部では行動反応にかかわり，反応する手の反対側（対側）で増大する偏側性準備電位（Lateralized readiness potential：LRP）と誤反応にかかわる ERN が観察される。後方部では視覚刺激の処理過程にかかわる一連の ERP 成分が観察される。

（出所）Woodman（2010）をもとに作成

る。ところで認知には身体もかかわる。いろいろな方向に回転された物体を判断する心的回転課題の遂行時には，自己や環境を軸とする空間座標系が表象される頭頂葉に加えて，運動の計画にかかわる領域も活性化する。3次元世界での物体操作がイメージ内でシミュレートされると考えられる（Zacks, 2008）。

3　注　意

　以上述べてきたような知覚や認知は，健常な学齢以降の子どもや大人にとっては当たり前にできるように感じる。しかし私たちは取り巻く環境における物事を意外と認識していないかもしれない。このことは，様々な見落とし現象により示されている。たとえば，比較的大きな部分が異なる2枚の画像が繰り返し提示されるとき，その違いが意外と見つからない「変化の見落とし」や，他のことに夢中でいると目の前の大きな出来事に気づかない「不注意による見落とし」がある（横澤・大谷, 2003）。このような現象が起こるのは，私たちが一度に処理できる量である**処理資源**に限りがあるためと考えられている。処理資源の全体量は，覚醒や疲労などでも変動する（Kahneman, 1973）。この有限な資源を特定の物事に優先して振り分けるのが注意の働きである。

　注意の向けられ方には大きく二つの方向がある。一つは，何かに意図的に努力する目的志向的行動における**トップダウンの注意**である。この注意はとくに慣れないこと，あるいは学習途上のときに必要である。たとえば，自動車の運転免許を取ったばかりのときには，注意は運転操作や道路の状況に必要であり，同乗者と楽しく会話する余裕はない。しかし運転に熟練すれば**自動化**されてほとんど意識しなくても行えるようになり，さらによく知った道であれば，他のことをする余裕があるだろう（ただし不測の事態に備えてある程度の注意は必要である。同乗者は運転や道路状況をある程度把握して会話できるが，そうではない相手との携帯電話での会話は危険である）。このようなことは運転以外にもタイピングや計算など様々な事態に当てはまる。

　もう一つは，**刺激駆動的**に生じる**ボトムアップの注意**である。目立つ色の洋

服を着た人がいれば，あるいは突如として大きな音がすれば，思わずそこに注意が向くだろう。たとえほかの何か重要なことに集中していたとしても，環境中の異変に気づくことは，生存上重要である。ボトムアップの注意を惹きつけるものとして刺激属性が特異なものだけでなく，目新しい新規なものや親近性のある身近なものもあるため，記憶も重要な役割を果たす。さらには人の顔や表情，視線の方向も重要である。また一般に，細かい部分よりも全体的なまとまりに注意を向けやすい傾向がある（Navon, 1977）。ただしボトムアップの注意はトップダウンの注意を向けている属性で生じやすい（Folk, Remington, & Johnston, 1992）。

　注意は様々な対象に向けられる。行動上観察できるものとして，顔や耳を向けること以外にも，1秒間に数回の頻度で次々と起こる眼球運動である**サッカード**がある。それによって関心のある物事の場所が，視野のもっとも解像度の高い中心部に入るようになっている。しかしサッカーやバスケットボールにおけるノールックパスのように，視線と反した方向に注意を向けることも可能である。また，色や形などの特徴，顔や文字などの物体，特定の時間やタイミングと，様々な物事に注意は向けられる。ただし注意が向けられるのは外部の対象だけではない。たとえば，昔の出来事や先の予定など，今やるべきこと以外にふと注意が向かうマインド・ワンダリングという現象がある（Handy & Kam, 2015）。これは，そのときの課題と関連がない長期記憶内の表象に注意が向いた状態である。そのときの気分によって，外側に向けられる注意と内側に向けられる注意の割合は変わるかもしれない（Vanlessen, De Raedt, Koster, & Pourtois, 2016）。

　何を知覚し，認知するかは，その時々の行為だけでなく，記憶や学習，ひいては後に何を認識したり予想したりするかにも影響するだろう。目標を達成するには，関連ない目立つ刺激や葛藤に惑わされずに目標自体の表象を活性化し，**ワーキングメモリ**として保持し続ける必要がある（図3-6）（第6章参照）。しかし同時に状況の変化に気づき，それに応じて目標を実現可能な形に修正していく柔軟性も必要であろう。教育や心理の実践を含む広い意味でのコミュニケー

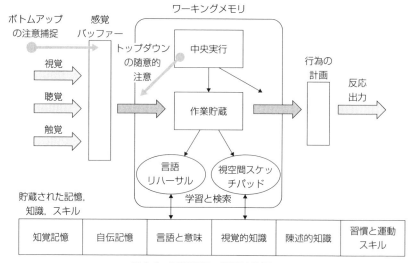

図 3-6　認知過程の機能的枠組み

（出所）Baas & Gage（2013）より作成

ションの場面とは，互いに知覚と認知を共有し，注意を媒介としてそれらを適切に方向づけていくことの連鎖ととらえられる。

❖考えてみよう
　①一度に処理できる量は限られているのに，音楽を聴きながら勉強する人がいるのはなぜだろうか。また，それによって効率が上がることがあるなら，どのような理由が考えられるだろうか。
　②友人や家族などの身近な人が，何か些細なことで悩んでいるようである。そんなときどんな声のかけ方があるだろうか。そしてその方法は，その人の知覚と認知にそれぞれ，どのように働きかけると考えられるだろうか。

📖 もっと深く，広く学びたい人への文献紹介
斎藤　勇（監修）行場　次郎（編）（1995）．認知心理学重要研究集──視覚認知──　誠信書房
　　☞著名な論文が執筆者の写真とともにコンパクトに紹介されている。オリジナルの醍醐味に接近できる。

鹿取　廣人・杉本　敏夫・鳥居　修晃（編）（2015）．心理学（第5版）　東京大学出版会
　　☞心理学全体のテキストだが，感覚・知覚への記述が充実している。とくに感覚・知覚に興味をもった人の次の一冊としてすすめたい。
熊田　孝恒（2012）．マジックにだまされるのはなぜか——注意の認知心理学——　化学同人
　　☞注意研究の面白さと奥深さにわかりやすく導いてくれる一冊。

引用文献

Baas, B. J., & Gage, N. M. (2013). *Fundamentals of cognitive neuroscience: A beginner's guide*. Waltham: Academic Press.

Downes, M., Bathelt, J., & de Haan, M. (2017). Event-related potential measures of executive functioning from preschool to adolescence. *Developmental medicine & Child Neurology, 59*, 13395.

Farah, M. J. (2000). *The cognitive neuroscience of vision*. Malden: Blackwell Publishing.

Folk, C. L., Remington, R. W., & Johnston, J. C. (1992). Involuntary covert orienting is contingent on attentional control settings. *Journal of Experimental Psychology: Human Perception and Performance, 18*, 1030-1044.

Gibson, J. J. (1979). *The ecological approach to visual perception*. Boston: Houghton Mifflin.
　　（ギブソン，J. J.　古崎　敬他（訳）（1985）．生態学的視覚論——ヒトの知覚世界を探る——　サイエンス社）

Gori, S., Molteni, M., & Facoetti, A. (2016). Visual illusions: An interesting tool to investigate developmental dyslexia and autism spectrum disorder. *Frontiers in Human Neuroscience, 10*, 175.

箱田　裕司・都築　誉史・川畑　秀明・萩原　慈（2016）．認知心理学　有斐閣

Handy, T. C., & Kam, J. W. Y. (2015). Mind wandering and selective attention to the external world. *Canadian Journal of Experimental Psychology, 69*, 183-189.

Kahneman, D. (1973). *Attention and effort*. Englewood Cliffs, N. J.: Prentice Hall.

Laycock, R., Crewther, S. G., & Crewther, D. P. (2007). A role for the 'magnocellular advantage' in visual impairments in neurodevelopmental and psychiatric disorders. *Neuroscience Biobehavioral Review, 31*, 363-376.

Marr, D. (1982). *Vision: A computational investigation into the human representation and processing of visual information*. San Francisco, CA: W. H. Freeman.
　　（マー，D.　乾　敏郎・安藤　広志（訳）（1987）．ビジョン——視覚の計算理

論と脳内表現──　産業図書）

McGurk, H., & MacDonald, J. (1976). Hearing lips and seeing voices. *Nature, 264*, 746-748.

Milner, A. D., & Goodale, M. A. (1995). *The visual brain in action*. New York: Oxford University Press.

Navon, D. (1977). Forest before trees: The precedence of global features in visual perception. *Cognitive Psychology, 9*, 353-383.

Palmer, S. E. (2003). Perceptual organization and groupings. In R. Kimchi, M. Behrman, & C. R. Olson (Eds.), *Perceptual organization in vision* (pp. 3-43). Mahwah: Lawrence Erlbaum Associates.

Sekuler, R., Sekuler, A. B., & Lau, R. (1997). Sound alters visual motion perception. *Nature, 385*, 308.

下條 信輔 (1996). サブリミナル・マインド──潜在的人間観のゆくえ──　中央公論社

Taubert, J., Wardle, S. G., Flessert, M., Leopold, D. A., & Ungerleider, L. G. (2017). Face pareidolia in the rhesus monkey. *Current Biology, 27*, 2505-2509.

Vanlessen, N., De Raedt, R., Koster, E. H. W., & Pourtois, G. (2016). Happy heart, smiling eyes: A systematic review of positive mood effects on broadening of visuospatial attention. *Neuroscience Biobehavioral Review, 68*, 816-837.

Vogel, E. K., McCollough, A. W., & Machizawa, M. G. (2005). Neural measures reveal individual differences in controlling access to working memory. *Nature, 438*, 500-503.

Woodman, G. F. (2010). A brief introduction to the use of event-related potentials in studies of perception and attention. *Attention, Perception, & Psychophysics, 72*, 2031-2046.

横澤 一彦・大谷 智子 (2003). 見落とし現象における表象と注意──非注意による見落としと変化の見落とし──　心理学評論, *46*, 482-500.

Zacks, J. M. (2008). Neuroimaging studies of mental rotation: A meta-analysis and review. *Journal of Cognitive Neuroscience, 20*, 1-19.

第4章　発達と学習
――人間の変化をつかむ

川 田　　学

　人間心理を理解しようとするとき，その時間的な側面を考慮に入れることはきわめて本質的な問題である。私たちは日々変わっていく。新しいことを覚えると行動が変わる。とくに意識して変わろうと思ったわけではないのに，ある時期を境に親と会話するのが面倒になる。以前は気づかなかった人間関係の機微がわかり，小説や漫画の好みが変わる。心理過程には，日々揺らぎがあるとともに，経験の蓄積や成熟的な要因によって後戻りできない方向に変化していく。そこでこの章では，人間の変化を心理学的に扱う代表的概念である「発達」と「学習」について考えていく。

1　発達と学習の関係

1-1　変化する人間の心理・行動

　人間の変化を表す用語には様々なものがあり，それぞれが意味を重ねながら一つの概念体系を構成している。日常用語でもある**成長**（growth）は，人間の比較的長期にわたる変化のうち，とくに身長や体重，器官や臓器の大きさのように長さや重さで表現できる量的側面について用いられる。これに対して**発達**（development）は，量的変化だけでなく，質的な変化も含むより包括的な概念である（Bogin, 1999）。

　発達は，身体・運動面にも用いられるが，精神面についての質的変化を説明する概念として用いられることが多い。質的変化というのは，量的増大に還元

できない心理システムの基盤構造全体の変容を意味する。たとえば，話し言葉は幼児期後期（4〜5歳）には生活に支障がないほど流暢になり，複雑な構文を備えるようになるが，小学1年生になって書き言葉の学習を始めたころの作文は，話し言葉のもつ豊かさとは似ても似つかぬ単純な文となる。つまり，話し言葉の量的増大が，連続的に書き言葉を発生させるわけではなく，書き言葉の発達は話し言葉とは質的に異なった心理諸機能の構造体を必要とすると考えられる。

　成熟（maturation）は，遺伝的に規定された生物学的諸機能の時系列的な展開を意味する。新生児期からの原始反射が生後3，4か月以内に抑制されるようになるのは大脳新皮質の成熟によるとか，第二次性徴はおおむね10代前半に生じるといったように，ある程度のタイムテーブルを想定できる場合に使用される。しかし，生後の経験から完全に独立した純粋な成熟過程の存在を認めることは難しい。

　学習（learning）は，心理学では「経験の結果として生じる比較的永続的な行動の変容」として一般に定義される。経験を強調することによって成熟と区分し，「比較的永続的」とすることで薬物やアルコール，疲労などによる一時的な行動変容とも区別される。

1-2　「発達」と「学習」

　ともに経験要因と比較的永続的な変化を含む発達と学習の関係を，どのように理解すればよいだろうか。

　まず，時間軸において違いがある。発達は数か月から年単位であるが，学習は数分から数週間程度での変化をあらわす。次に，変化の仕方に違いがある。発達は「発達しよう」と意図しないにもかかわらず生じていく側面があるのに対して，学習は学校での教科学習とか自転車や箸の使用のような手続き的知識のように，通常は「これができるようになりたい」という意図的な取り組みを経て生じていく。さらに，変化の単位が異なる。発達は先の話し言葉と書き言葉の例でもみたように，全体構造的・質的な変化を含んでいるが，学習はより

要素的な機能や知識，技術などの変化にもあてはまる。

　発達と学習にはこうした違いがあるが，それぞれが他方を必要とする相補的な概念である。経験による日々の学習を無視してしまうと，発達は成熟と同義になってしまう。また，学習はどのような内容でもいつでも成立するわけではない。標準的な5歳児に方程式を学習させることは困難である。仮に覚えたように見えても，それは代数の原理を理解したのではなく，解答パターンを丸暗記したにすぎないだろう。

　そのため，学習にはそれを可能にする発達的基盤が必要だとする考えもある。しかし，ここで問題が生じる。学習が発達的基盤に従属する，つまり，「発達が先で学習が後」と考えてしまうと，発達の要因を再び成熟に求めるほかなくなってしまう。このアポリア（答えのない堂々めぐり）を乗り越えるためには，発達と学習の関係をどう考え直したらよいのか。

　鈴木（2013）によれば，次の2点の考えを取り入れることが重要である。第一に，発達が用意する基盤構造の働きをより緩やかなものとし，「**揺らぎ**」を取り込むものと考えることである。つまり，ある発達段階にいる子どもであっても，状況によってより高次ないし低次の発達段階におけるパフォーマンスを見せることがある。囲碁や将棋の子ども名人であっても，学校での全教科において同じようなレベルの知的操作が可能なわけではない。発達基盤というものは，偶発的に特殊な情報を取り込んで処理してしまう，一定の柔軟性を備えている。

　第二に，学習のもつ能動的な側面を重視することである。子どもは発達段階どおりのことばかり学んでいるわけではなく，様々な学習場面である種の「背のび」をしている。それは，個人の学習活動でもみられるが，より多くは社会的な場面で生じる。ヴィゴツキー（Vygotsky, L. S.）は，子どもがある課題を独力で解決可能な発達水準と，年長者や教師との協同によって解決可能になる発達水準との差を**最近接発達領域**と呼び，教育とは最近接発達領域に作用する行為であるとした。教育作用との関係で考えると，学習と発達の相補的関係はより明確といえる。

2　学習のモデル

2-1　古典的条件づけ（レスポンデント条件づけ）

　旧ソヴィエトのパブロフ（Pavlov, I. P.）の条件反射学をモデルとし，刺激と反応の法則性を明らかにしようとしたのが**古典的条件づけ**という学習原理である。

　たとえば，日本人の多くは梅干を見ると唾液分泌が促されるが，梅干を見たことも食べたこともない外国人ではこうした反応は生じない。つまり，梅干の見た目と唾液分泌は，経験による新しい結びつきであり，学習の一種といえる。そのメカニズムは次のような過程で説明できる（図 4-1）。

　梅干の味覚刺激と唾液分泌反応は生得的な結びつきのある**無条件刺激**（unconditioned stimulus：US）と**無条件反応**（unconditioned response：UR）である。これに対して，梅干の見た目は唾液分泌と関係がない**中性刺激**（neutral stimulus：NS）であった。食経験は，梅干を見ること（NS）と食べること（US）を繰り返し一緒に経験させるので（**対呈示**），やがて梅干を見ただけで唾液分泌が生じるようになる。このとき，梅干の見た目は新たに**条件刺激**（conditioned stimulus：CS）となり，唾液分泌は**条件反応**（conditioned response：CR）となる。このように，新しい CS と CR の**連合**が形成されることを，古典的条件づけでは学習と呼ぶのである。連合が形成された後に，対呈示を止めるとやがて CR は生じなくなっていく。この手続きを**消去**と呼ぶ。しかし，期間を空けて再び CS を呈示すると CR が生じるという，学習の**自発的回復**が見られることがある。

A：生得的な結びつき　　B：条件づけ（連合）

図 4-1　古典的条件づけのメカニズム

　なお，古典的条件づけは，次に説明する道具的条件づけが学習者（有機体）の自発的反応（オペラント反応）を契機とするのに対して，自分ではコントロールできない生得的反応（生理反応や情動反応）を契機とするため，相対的に受動的に形成される学習という意味で**レスポンデント条件づけ**とも呼ばれる。

2-2　道具的条件づけ（オペラント条件づけ）

　学習者の能動的な試行錯誤によって成立する条件づけであり，古くはソーンダイク（Thorndike, E. L.）による動物実験から導かれた**効果の法則**（law of effect）にさかのぼる。これは，人間も含め，動物は環境内を自発的に探索・行動し，自分にとってよい結果があればその行動を増加させ，悪い結果があれば減少させたりやめたりするという傾向を説明したものである。

　このような学習は，我々の日常にあふれている。たとえば，子どもが衣服の着脱や食事などの生活習慣を学ぶ際にも，うまくやれて親に褒められたり（よい結果），だらしなくて叱られたり（悪い結果）ということを繰り返して，徐々に行動が身についていく。こうした学習のすべての側面ではないにせよ，**道具的条件づけ**は行動形成の基礎過程を支える原理であると考えられる。なお，"道具的"というのは，よい結果を生み出したり悪い結果を避けたりするために，ある行動が道具的に（手段として）使われることから名づけられている。

　道具的条件づけを，古典的条件づけとの対比で自発的な学習として意味づけ，**オペラント条件づけ**と呼びなおしたのがスキナー（Skinner, B. F.）である。スキナーは，**スキナー箱**と呼ばれる図4-2のような装置を用いて，ラットやハトの実験でオペラント条件づけの基本原理を明らかにした。

　図4-2では，右側に餌のペレットが入ったマガジンがあり，ラッ

図4-2　スキナー箱の例
(出所) 今田 (1996)

トが前足をかけているレバーを下げると，受け皿に餌が出る仕組みになっている。**標的行動**がレバー押しであるとき，学習はどのように進むのだろうか。ラットは，スキナー箱に入れられるとにおいをかぐなど隅々を探索しはじめる。最初からレバー押しのような複雑な行動は起こりにくいので，まずはレバーの近くに寄ったときに受け皿に餌を与える。このように反応の自発頻度を増やしていく操作を**強化**（reinforcement）と呼び，餌を**強化子**という。強化を繰り返すと，ラットは箱に入るとすぐにレバー付近に来るようになる。次に，レバー付近に来ただけでは餌を与えないようにすると，ラットは興奮して動き回ったり立ち上がったりする。そのとき，レバーに前足が当たるなどしたら，餌を与える。このようにして，目標とする行動に近づけていくために，いわば徐々にハードルを上げていくのである。最終的に，ラットは箱に入るとレバーに近づき，スムーズに前足でレバーを押して餌を得るという行動を学習する。このような，段階的に標的行動を形成する方法を**シェイピング**と呼ぶ。

　強化とは逆に，特定行動を減少させる手続きを**弱化**（あるいは罰）と呼ぶ。ラットがレバー以外のものに触れると微量の電気ショックが与えられるようにすると，ラットは寄り道をしなくなるだろう。また，反応をより洗練させる手続きもある。ただレバーを押せばよいのではなく，レバー上部のランプ点灯時に押した場合にのみ餌が与えられるようにすると，ラットはその行動を形成する。これを**弁別**（学習）と呼ぶ。一方で，類似の状況に対しても同じような行動が発現することを**般化**という。

2-3　認知的学習論

　レスポンデント条件づけは，「刺激ありき」の学習説で，学習者は受動的である。オペラント条件づけは，自発的な行動を学習の起点にしているという点でより能動的な学習観に立っているが，多くの場合，学習を成立させる強化や弱化が環境（他者）から与えられる構図になっている。これに対し，認知心理学的な学習論では，人間はより能動的な学習者，すなわち「知識の構成者」と見なされ，様々な認知機能を総動員して学習を展開していく存在と考えられる

ようになっている。

　こうした認知的学習論のルーツは，ケーラー（Köhler, W.）やトールマン（Tolman, E. C.）の研究にある。ケーラーは，**ゲシュタルト心理学**（第1章参照）の流れをくみ，類人猿（チンパンジー）における**洞察学習**を明らかにした。高い位置にバナナが吊るされ，あたりに箱が複数散らばっているような状況で，チンパンジーはしばらくあたりを見渡した後に，突然箱を積み重ねて登り，バナナを取ることに成功した（図4-3）。このような問題解決は，たんなる試行錯誤とは異なり，課題場面の全体構造を認知した結果生じる，突然のひらめき（洞察：insight）によるものと考えられた。

図4-3　ケーラーの洞察学習の例
（出所）Boakes（1984 宇津木・宇津木訳 1990）

　また，トールマンはネズミの迷路学習の実験によって，餌による強化が与えられない状況でしばらく行動させた後に，ゴールに餌を置くとまたたく間に学習が成立することを明らかにした。これは，ネズミが強化や罰を与えられなくても，環境内を動き回るだけで**潜在学習**が生じ，**認知地図**（cognitive map）を形成していたことを裏づける結果と考えられた。

　人間においては，より高次の認知過程が学習にかかわっている。その代表が，観察学習と概念・知識獲得であろう。**観察学習（モデリング）**とは，バンデューラ（Bandura, A.）によって提唱された理論であり，学習者本人が直接経験し強化等を受けなくても，他者の様子を観察するだけで新しい行動を獲得する過程である。たとえば，小学1年生の教室で，ある児童が先生のプリントをそろえる手伝いを自発的に行い，先生から感謝されている場面を見た級友たちが，次からこぞって先生の手伝いをするようになることがある。級友は直接先生に

感謝されたわけではないが，他の子の様子を見て強化され（**代理強化**と呼ばれる），新しい行動が習得されたと考えられる。「感謝」のような間接的な報酬が強化子として機能するのも，人間に特徴的である。

　学校での教科学習を考えると，生活経験の中で子どもが構成する**概念**（素朴概念，生活的概念）の役割を見逃すことはできない。子どもは学校で体系的な科学的知識を学ぶ前に，家庭や幼稚園・保育園などでの経験にもとづいて自分なりに知識体系や概念を構成している。たとえば，経験的に「金属は沈む」という考えをもっていると，巨大な金属の塊である船が浮くという事態を説明できない。水に浮くか浮かないかは，素材・物質の観点からだけで決まるわけではない。そこで，**認知的葛藤**が生じることにより，「なぜだろう」という不思議さや好奇心が生じ，科学的真理を探究しようとする。経験によって概念や知識を自ら構成し，既存の知識が新しい経験との間で葛藤を起こすことによって，より高次で包括的な知識へと向かっていく学習過程は人間に特有のものといえよう。

3　発達の理論

3-1　遺伝と環境

　人間が時間的に変化していく過程に発達という語をあてたのは，ヨーロッパでは16世紀頃といわれている。日本では，明治維新後に輸入された翻訳語である。発達＝development には，「中に包まれていたものが出てくる」という語源があるが，何がどう出てくるのかについての古典的な対立図式は，前成説と後成説である。**前成説**とは，完態（種として成熟した到達状態の構造）がすでに発生の初めから存在しているとの考えで，17世紀から18世紀にかけて唱えられた。図 4-4 は，ハルトソーケル（Hartsoeker, N.）という科学者が，顕微鏡を使って男性の精子をスケッチしたものである。精子の頭に，体育座りをした小人が入っている。たんなる空想ではなく，当時最先端技術であった顕微鏡で見たらこうなっていたというのだから，多くの人は信じたことだろう。しかし，そ

の後の発生学の進展により，前成説は否定され，は
じめは単純な構造をもつ潜在態（受精卵）があり，
時間経過と環境作用により分化と統合を繰り返して
複雑な構造が創発していくという後成説（エピジェ
ネシス）が通説となった。

図 4-4　ハルトソーケルが描いた精子の中の小人
（出所）Hartsoeker（1694）

　後成説は，心理学では遺伝と環境の**相互作用説**と
いう表現でしばしば取り上げられる。かつては，遺
伝や成熟要因だけですべて説明できるとする成熟優
位説もあり，学習にはそれを可能にする生物学的準
備状態（**レディネス**）があるとする考えも影響力を
もっていた。一方で，ワトソン（Watson, J. B.）の行
動主義（第 1 章参照）のようにすべては生後の経験により，刺激と反応の連合
学習で説明できるとする極端な環境説（経験説）もあった。現在は，**行動遺伝
学**などの発展もあいまって，遺伝と環境の相互作用のメカニズムがより詳しく
検討されている。

　なお，発達初期の経験の影響については，比較行動学者ローレンツ（Lorenz,
K.）による水鳥の**刻印づけ**（刷り込み，imprinting）が知られている。ある種の
水鳥のヒナは，孵化後一定期間内に見た動く対象を追尾するようになる。その
期間をすぎると，追尾行動は形成されず，また修正も困難になる。このような
初期学習の成立する一定期間を，**臨界期**（critical period）という。人間の場合
も，アタッチメント（愛着）や言語など初期経験の影響が見られるものもある
が，他の動物と比べると発達の可塑性が高いため，**敏感期**（sensitive period）
と呼ばれる。

3-2　発達段階論

　幼児と児童，未成年と成人といった区分があるが，これは社会的な処遇を決
定する便宜的な分類にすぎない。中学生になったからといって，子どもの心理
発達水準が急に変わるわけではない。子ども自体は連続的だが，制度的に断絶

をつくっているのである。これに対して，**発達段階**（developmental stage）とは，個人の心理的システム全体が，それ以前の心理諸機能の量的増大に還元できない質的変化を生ずることを意味する概念である。

ピアジェの発生的認識論

　代表的な発達段階論として，ここではピアジェ（Piaget, J.）の**発生的認識論**（認知発達段階論）を紹介する。ピアジェは，西洋キリスト教社会では神によって与えられると説明されてきた人間の**高次精神機能**（理性，知能）について，子どもが自ら環境との相互作用によって構成していくものであると考えた。しかも，その過程は，生後間もなくからの感覚運動的な活動から一貫して描くことができるとした点も画期的であった。

　ピアジェは認識の基本単位を**シェマ**（schema：行動や認識の下書きとも呼ぶべき知識の枠組み）と呼び，主体が環境との相互作用の中で既存のシェマを用いることで適応していく機能を**同化**（assimilation），既存のシェマでは認識・適応できないときにシェマ自体を修正していく機能を**調節**（accomodation）と呼んだ。たとえば，虫に関心をもった幼児が，「虫とは羽が生えている小さい生き物」（虫のシェマ）と考え，「トンボも虫」「カブトムシも虫」と新しい環境（対象）に対して既存のシェマを当てはめていたとする（同化）。そこにアリがやってきたとき，その子はアリも虫シェマに入れようと思うが，アリに羽がないことに気づき，困惑する。いろいろ考えた末に，「羽がない虫もいる」とシェマを修正し（調節），新たな環境にも適応していく。このようにして同化と調節を繰り返しながら，徐々に高次の認知構造を構成していく。

　ピアジェの発達段階は，大きく四つの段階として整理されている。誕生から2歳ごろまでの**感覚運動期**（sensori-motor period）は，いまだ表象にもとづかない認識をベースにしており，運動とそれによってフィードバックされる感覚情報によって外界を認識していく。乳児が何でも口にいれて確かめたり，ヨチヨチ歩きの子どもが公園をあちこち探索している姿を思い浮かべてみよう。続く**前操作期**（preoperational period）は2歳から7歳ごろを指し，表象レベルの思考が開花し，みたてやごっこ遊びなどイメージ豊かな遊びがみられる。幼稚

園や保育園の子どもたちが好む遊びが想像できるだろう。反面，認識の**自己中心性**（egocentrism）が顕著で，多角的で客観的な事物の認識は困難であり，数や量の**保存**（対象の形状や配置を変えたりして，その外見を変化させても，その対象の数量は一定であるという認識）のような一般的概念の形成はみられない。

　7〜12歳ごろの**具体的操作期**（concrete operational period）になると，前操作期を彩っていた自己中心性から**脱中心化**（decentering）し，具体的事象については論理的操作を適用できるようになる。小学校で，級友と話し合って物事を多面的に理解したり，実験によって確かめたりといった学習経験が意味をもつ段階である。

　12歳ごろ以降の**形式的操作期**（formal operational period）は認知発達の最終段階であり，具体的事象を離れた純粋に形式論理的な思考が発生する。これにより，近代科学的方法の基礎である**仮説演繹的思考**が可能になる。中学生になると，法則や定理にもとづいた推論などが学習課題になることに対応している。

　ピアジェは，発達段階間の移行は個別の心理機能（数，物理，記憶，言語…等々）ごとになされるとは考えず，システムとしての全体構造の**領域一般性**（domain universality）を仮定していた。しかし，本章の冒頭で検討したように，柔軟性のない一般構造を仮定してしまうと，成熟要因を過大評価することになってしまう。近年，認知機能は**領域固有性**（domain specificity）を備えていると考えられており，個別的・偶発的な経験や学習による発達への影響も重視されるようになっている。

発達の社会的・文化的側面

　発達における社会的・文化的側面に注目する必要もある。ピアジェは発達要因として社会的学習（広義の教育作用）を認めてはいたが，子ども個人の**均衡化**（equilibration）と呼ばれる自己調整力を重視していた（Piaget, 1970 中垣訳2007）。それは，「子どもの視点から世界の成り立ちを考える」という意味で重要な認識的貢献であるが，感覚運動期から形式的操作期へという一元的な発達観を人びとに植えつけることにもなった。

　知能の発達理論は，成熟過程を厚く前提におくことによって，比較的普遍性

を仮定しやすい領域であると同時に，誕生から青年期ごろまでしか扱わない傾向があった。人格面や感情面，対人関係の面はより歴史的・文化的影響を加味しなければならず，ピアジェほど緻密な発達段階論を組むことは容易ではないし，妥当ともいえない。エリクソン（Erikson, E. H.）の**ライフサイクル論**は，**アイデンティティ**（自我同一性）の発達を中核に置き，世代から世代への**継承性**（generativity）も想定した，**生涯発達心理学**の先駆けといってよい理論である。現在も，個人のライフサイクルと世代継承との理論的関係をめぐって議論が続いている（鈴木・西平，2014）。人間の変化をトータルでとらえようとする発達理論の構築は，いまだ世界中の研究者を飽くなき探求へと誘っているのである。

❖**考えてみよう**

　幼稚園で子どもたちが"鬼ごっこ"ができるようになる過程を，学習の観点と発達の観点で考えてみよう。その際，以下の事実を忘れないように。①子どもそれぞれの経験，知識，技能が異なること，②鬼ごっこは集団で成立する活動であること，③幼稚園には保育者がいること。

もっと深く，広く学びたい人への文献紹介

柴田　義松（2006）．ヴィゴツキー入門　寺子屋新書
　　☞難解なヴィゴツキー理論についてわかりやすく解説。

ロゴフ，B.　當眞　千賀子（訳）（2006）．文化的営みとしての発達　新曜社
　　☞40年にわたるフィールドワークと文献研究の成果から，古今東西の発達の多様性を学ぶことができる。

引用文献

Boakes, R. (1984). *From Darwin to behaviourism: Psychology and the mind of animals*. New York: Cambridge University Press.
　　（ボークス，R.　宇津木　保・宇津木　成介（訳）（1990）．動物心理学史――ダーウィンから行動主義まで――　誠信書房）

Bogin, B. (1999). *Patterns of human growth* (2nd ed.). New York: Cambridge University Press.

Hartsoeker, N. (1694). *Essai de dioptrique*. Paris: J. Anisson.

今田　寛（1996）．学習の心理学　培風館

Piaget, J.（1970）. Piaget's Theory. In P. H. Mussen（Ed.）, *Carmichael's manual of child psychology*（3rd ed. Vol. 1. pp. 703-732）. New York: John Wiley & Sons.（ピアジェ, J.　中垣　啓（訳）（2007）．ピアジェに学ぶ認知発達の科学　北大路書房）

鈴木　宏昭（2013）．発達と学習　日本発達心理学会（編）　発達心理学事典（pp. 124-125）　丸善

鈴木　忠・西平　直（2014）．生涯発達とライフサイクル　東京大学出版会

第 5 章　言語と思考
——言葉のしくみとその発達

伊 藤　　崇

> 　心理臨床活動はつねに言語を通して行われる。クライエントの言葉を聞き，会話を重ねることによって介入の方針が導き出される。一方で，言語はクライエントの苦悩の源泉でもある。言葉による虐待やいじめもあれば，幻聴のように自らの生み出した言葉で苦しめられることもある。これらをふまえると，心理臨床に携わろうとする者は，言語の知識や理解を深め，言語への感受性を養うことが肝要であろう。本章では，まず，言語学の基本的知識に触れる。次に，人間の言語発達過程の概略を述べる。最後に，言語能力と思考との関係や言語的コミュニケーションのしくみについて述べる。

1　言語学の基礎知識

1-1　言語とは何か

　言語とは何か。アメリカスピーチ言語聴力協会（American Speech-Language-Hearing Association, 1982）によれば，言語とは「思考やコミュニケーションのために，様々な形で用いられる，慣習的な象徴の複合的，動的な体系」と定義される。

　象徴（symbol）とは**記号**（sign）の一種である。記号とは意味づけられた何かを指す。記号には意味するものとされるものの間に必然的なつながりがあるものと，必然的なつながりのないものがある。前者の例は絵や煙である。それらは意味されるものと意味するものの間に，姿が似ていたり，互いに近接して

69

いたりする（煙は火とともに起こるので火の記号となる）という必然的な関係がある。必然的なつながりのない記号を象徴と呼ぶ。その代表が言語である。「イヌ」という音声や文字が実際のイヌと必然的なつながりをもたないことは，英語では「dog」，中国語では「狗」というのを想起すれば理解できるだろう。言語のもつ，意味するものとされるものとの間の慣習的なつながりは，**恣意性**や無契性と呼ばれる。

　言語の特徴として「**分節性**」も挙げられる。分節性とは，なんらかの小さな単位に分割される性質を指す。たとえば，「カギをかけた」は「カギ/を/かけ/た」のように分節できる。このように意味を担う最小の単位を「**形態素**」（morpheme）と呼ぶ。語（word）は一つまたは複数の形態素で構成された単位である。意味の単位は，それ自体では意味を担わないさらに小さな単位に分けられる。「カギ」という語はさらに/k/a/g/i/という単位に分けられる。ここで/g/を/k/に変えると「カキ」となり意味が変わる。ある言語体系の中で形態素の間の意味の違いをもたらす単位が「**音素**」（phoneme）である。形態素と音素というこれら２種類の単位で分節される性質を二重分節性と呼ぶ。これらの単位を様々に組み替えることで，ほぼ無限の表現を産出することが可能となるのである。

1-2　言語学の諸領域

　言語を研究する学問としての**言語学**は，上記の諸特徴をそれぞれ扱う下位分野に分かれる。人間が発する言語音に関する分野は**音声学**（phonetics），それよりも抽象的な音素を扱うのが**音韻論**（phonology），語の成り立ちや形態素の連鎖規則を扱うのが**形態論**（morphology），語や形態素を組み合わせた文の構造とその規則を扱うのが**統語論**（syntax）である。これらを包括して，文や談話（本章２節参照）の水準で成立する言語の意味を明らかにする分野が**意味論**（semantics）である。さらに，文字通りの意味とは異なるメッセージを伝える言語のはたらき方を明らかにする分野が**語用論**（pragmatics）である。

　現代の言語学では他の学問領域とも連携しながら研究が進められており，人

間の言語能力や社会の言語的諸現象の分析が進められている。

　生物言語学（biolinguistics）は，脳神経科学や生物学，人類学，比較認知行動学（人間と動物の認知機能の比較を通してそれぞれの特徴を明らかにしようとする学問）などを総合して人間の言語能力を明らかにしようとする分野である。本章3節で述べるチョムスキー（Chomsky, N.）による生成文法理論の生物学的妥当性を検討することを主要な課題とすることが多い（藤田，2017）。

　進化言語学（evolutionary linguistics）は，進化論を理論的背景として，言語という機能がいかにして発生し，進化したかを研究する分野である。たとえばチンパンジーが石の上に木の実を載せ，その上からハンマー代わりに石で叩いて中の種を食べるように，環境内にある物体を規則的に組み合わせて活動する動物がいる。このように物体を組み合わせるための能力が起源となって，形態素を規則的に組み合わせて文を作る言語能力が人間に発生したという仮説などは進化言語学における興味深い成果である（藤田・田中・池内，2018）。

　認知言語学（cognitive linguistics）は，言語を，知覚や視点取得，カテゴリー化などの一般的な認知が反映されたものとしてとらえ，その観点から統語論や意味論を構築しようとする分野である。たとえば，他者と打ち解けることを「心を開く」というが，「心」なるものが実際に扉のように開くわけではない。このような表現は**メタファー**（metaphor）と呼ばれる。レイコフ（Lakoff, G.）らによれば，このメタファーが成立するのは，「開く」という語に「隠れた物が現れる」というイメージが付随しており，異なった事物どうしの似たところを見つけるという人間がもつ一般的な認知能力を通して，「扉」と「心」に共通した表現が用いられるためである（レイコフ・ジョンソン，1986）。

　社会言語学（sociolinguistics）は社会の構造と言語変異（言語のバリエーション）との関係を調べる分野であり，コミュニティ，経済的階層，ジェンダー，民族などの社会的要因と言語とがどのように結びついているのかという問題を扱う。たとえば地域や社会的役割と関連した言語変異を方言と呼ぶが，これも社会言語学の主要な研究対象である。

　このほかにも，プログラミングのための言語の開発，あるいは自然言語を機

械的に処理する自動翻訳システムの構築などを目的とした計算言語学（compu-tational linguistics）や，コミュニティや文化における慣習という観点から言語習得や言語使用を研究する言語人類学（linguistic anthropology）などの諸分野がある。

2　言語発達の機序

2-1　音声知覚と発声の発達

　言語音声の知覚は胎児期に始まる。胎児の聴覚は受精後20週ごろには機能していることが明らかになっている。出生後，乳児の聴覚機能は周囲の言語環境に適応するように変化する。たとえばよく知られるように英語で区別される/l/と/r/の子音音素は日本語では区別されずに用いられる。このように母語で用いられない音素への感受性は生後半年を過ぎると低下していくことが知られる。このことは裏を返せば母語の音韻体系への適応を意味する。

　言語音の知覚とともに発声の仕方，すなわち構音も，成長にともなう口腔形状の変化などを背景として発達する。乳児の出す音声は，泣きや声帯をふるわせて出る母音のような音に限られる。2か月以降，心地よいときに「あっあっ」「くぅー」などの音で構成された**クーイング**や「ごろごろごろ」など咽頭を動かして出る**ガグリング**が出現するようになる。

　6か月以降，情動とは関連せずに発せられる音声である**喃語**（babbling）が出現する。とくに，大人の言語音と同じタイミングで子音と母音を組み合わせた規準喃語（canonical babbling）には大人が用いる言語音が多く含まれることから，後の言語の音声的側面の発達の基盤になると考えられている。

2-2　前言語期のコミュニケーション

　言語発達の背後には，養育者と子どもによるコミュニケーションがある。そもそも乳児は，他の刺激よりも人間の声や顔によりよく反応するが，次第に，物への興味も見られるようになる。たとえば生後半年を過ぎたころ，目の前の

物を指さす行動が現れるようになる。このとき，子どもの注意はその物に向けられており，二項関係が成立していることがわかる。さらに，子どもが注意を向けた物に周囲の人間も同様に注意を向け，そのことに子どもも気づいているとすると，このとき，これら三者（子ども，周囲の人，物）の間で**三項関係**（triad relationship）が成立していたといえる。三項関係とは，複数の人間が何らかの出来事や対象を共有する関係性である。また，複数の人間が，同一の出来事や同一の対象に注意を向けており，かつ，互いに同一物に注意を向けていることを認識している状態を**共同注意**（joint attention）と呼ぶ。生後9か月ごろには，他者との間で共同注意が成立する。子どもが関心を向けた対象と言語音声とが同時に提示されることにより，言語と対象との結びつきを学習することが可能となるが，その基盤には共同注意の成立が欠かせないとされる。

2-3　語彙の発達

　子どもが理解したり産出したりすることのできる語彙の数は，12か月を過ぎたころからゆっくりと増加し，1歳半ごろから爆発的に増加する。**語彙の爆発的増加**（vocabulary spurt）は，聞いてわかる語彙（理解語彙）や実際に話して使える語彙（産出語彙）が急速に増加する現象である。

　子どもが語の意味を円滑に習得できるのは，それを効率的に推論するための**認知的制約**（cognitive constraint）があるからだとマークマン（Markman, E. M.）は主張した。ある語が何を指すのかは必ずしも明瞭ではない。たとえばエサを食べるイヌを子どもが指さし，大人が「それは"イヌ"だよ」と命名したとしても，「イヌ」という語が指すのは，イヌのしっぽかもしれないし，食べるという動作かもしれない。にもかかわらず，子どもは1匹の動物全体を指すものとして大人の話す語を理解する。ここから，知覚対象と語の関係を理解するときに機能する認知的制約が子どもに備わっているという考えが提出されたのである。そうしたメカニズムとしては，ある対象に命名された語は対象の部分や属性を指すのではなくその対象全体を指すという仮定や，一つの対象には一つの名称しか存在しないという仮定などがある。

2-4　統語の発達

　1歳から2歳にかけて語の知識が増加し，その組み合わせ方も複雑になるにつれ，並べ方の規則のようなものが子どもの言語使用に見られるようになる。

　はじめて用いる意味のある言葉（**初語**）が出現してから二語期に至るまでの時期を**一語期**という。この時期に用いられるのが**一語文**（one-word sentence）である。たとえば，「ママ」という語で，「ママ，なにかちょうだい」や「ママがいない」などの多様な意味が表される。「ママ」という一語は統語的には文ではないが，使用状況に補われることで受け手はその意味を理解できるのである。

　産出語彙が50〜100語程度になると，語を組み合わせた文を産出しはじめる。「オオキイワンワン」「ワンワンナイ」といったように二つの語を組み合わせた文を**二語文**（two-words sentence）と呼び，それが用いられる時期を**二語期**と呼ぶ。これ以降，およそ2歳から3歳ごろにかけて，三つ以上の語を組み合わせて，複雑な文を産出できるようになる。

　単純に語を組み合わせるだけでなく，形態素を統語的に正しく組み合わせることも求められる。英語話者においては，2〜3歳以降の時期に，複数形の“-s”や過去形の“-ed”，進行形“-ing”などの形態素が規則的に用いられはじめる。ただし，文法規則を過剰に一般化することも一時的に見られる。たとえば幼児は，“We buyed them.”といった文を話すことがあるが（正しくは“bought”），これは単純な誤用というよりも，過去形の適用規則を習得する過程で見られる現象である。

2-5　談話の発達

　複数の文を組み合わせたひとまとまりの発話や文章は**談話**（discourse）と呼ばれる。談話についての知識や理解は，語の意味や統語規則の知識とは異なる。

　2歳ごろから子どもは一人でまとまりのある談話を作りはじめる。経験したことを時間的な構造によって表現する談話を**語り**（narrative）と呼ぶ。次に示す例は2歳8か月の女児が，ベッドで寝る前に言った独り言を書き留めたもの

である。「あした，私たちがベッドから起きたら，はじめに私で，そしてパパ
で，そしてママで，あなた，朝ごはんを食べて，朝ごはんを食べて，いつもや
ってるように，そしてそれから…」（ブルーナー，1999，p. 131）。ここに見られ
る，物事を時間の観点から表現する言い方（～したら，はじめに，そして，いつ
も）は語りの特徴をよく示している。

　二人以上で発話を連鎖させるのが**会話**である。会話に参加するうえで重要な
のは，参加者が話し手と聞き手を交替しながら発話を連鎖させていくこと，す
なわち**順番交替**（turn-taking）である。養育者との原初的な順番交替は，乳児
期からすでに見られる。たとえば，子どもが不快になると大人があやし，子ど
もが落ちつくというやりとりがそれに当たる。1歳半ごろになると，言葉を用
いて大人との円滑な順番交替ができるようになる。2～3歳ごろまでは，会話
の中で話題をふくらませる役割の多くは年長者が受け持つ。次第に，子どもは
自分で会話を始めたり，話題をふくらませて会話を進めたりできるようになる。

3　言語と認知

3-1　言語能力とは何か

　概略としては2節で述べたような過程をたどって子どもの言語は発達してい
く。言語発達過程を説明する理論的立場としては大きく二つの考え方がある。
一つは，他の認知能力と相対的に独立した生得的能力として言語能力をとらえ
る立場であり，もう一つは，一般的な学習能力や認知能力を基礎として言語機
能が成立すると考える立場である。

　第一の立場を代表するのが，チョムスキーによる**生成文法理論**（theory of
generative grammar）である。彼によれば，障害などがなければ，すべての人
間は母語を獲得することができる。それは，人間は生得的な**言語獲得装置**
（Language Acquisition Device：LAD）をもつためである。

　チョムスキーが考える言語とは新たな表現を無限に産出する規則のことであ
る。言語には「ネコが追う」「ネコが〈走るネズミを〉追う」といったように，

語や句を挿入して新たな文を無限に産出できるという性質がある（**生産性**と呼ばれる）。しかし，無限の文を作り出す文法を有限の経験から帰納的に構築することは不可能である（「刺激の貧困」と呼ばれる指摘である）。そこでチョムスキーは，人間にはあらゆる言語のひな形となる**普遍文法**（Universal Grammar：UG）があらかじめ備わっていると想定した。

　チョムスキーの主張は現在でも強い影響力をもっている。フォーダー（Fodor, J.）は，言語が他の認知能力とは独立して機能する能力だとして**モジュール説**（様々な認知機能が互いに独立して存在し，機能するとする説）を唱えた。また，ピンカー（Pinker, S.）は他の生物的器官のように言語能力は遺伝的に発現するものだと主張し，第一の立場を主導している。

　一方，学習・認知能力を重視する立場では，与えられた言語入力の範囲で徐々に統語的知識が形成されると考える。この立場を主張する研究者としては，スキナー（Skinner, B. F.）やトマセロ（Tomasello, M.）が知られる。心理学的には条件づけの理論で知られるスキナーは，チョムスキーと理論的に対立し，人間の言語は他の行動と同じくすべて後天的に学習された習慣だとした。

　トマセロは，人間がもつ他者の意図を推測したり，パターンを発見したり，似たものをカテゴリーにまとめたりする一般的な認知能力にもとづいて帰納的に統語的知識が構築されるとする考え方を提唱している。彼の考え方は**用法基盤理論**（usage-based theory）と呼ばれる（トマセロ，2008）。実際の慣習的な言語使用にもとづいて限定的な構文の知識が構築され，それがネットワークのように結びついて構造化された知識が文法だとする理論である。トマセロは，1歳から2歳にかけての子どもの言語使用を観察し，特定の動詞に限って前置詞などの文法要素が用いられることを見出した（たとえば，"draw"には"on"や"for"といった前置詞が使われる一方，"cut"には使われない）。これは，子どもが繰り返し聞く表現にもとづいて文法的知識が構築されるものの，それが他の動詞表現に応用的に用いられにくいことを意味する。動詞ごとに規則が作られるため，**動詞―島仮説**（verb-island hypothesis）と呼ばれる。

　これら二つの立場とは別に，言語の社会的機能を重視して言語発達を考える

立場もある。この立場は、大人が子どもの状態に応じて話し方を調節したり、遊びを通して活動のパターンに気づきやすくしたりするために、子どもが言語を円滑に習得できると考える。すると、子どもの内部にあるLADのような装置ではなく、大人と子どものやりとりの構造全体が言語発達を支えているといえる。ブルーナー（Bruner, J.）によれば、養育者と子どもの相互作用には言語発達を促進するいくつもの特徴が含まれており、総じて**言語獲得支援システム**（Language Acquisition Support System：LASS）と呼ばれる。たとえば養育者は乳児に対して、高い音域の声を出したり、声の高さをおおげさに上下させたり、音を伸ばしたり、同じ音を繰り返したりする**対乳児発話**（Infant-Directed Speech：IDS）を行うが、これは言語の音声的特徴を乳児に気づきやすくさせている可能性がある。また、ブルーナーは、子どもは大人との間の遊びを構成する反復構造（**ルーティン**）を通して会話や言語の構造に気づくとした（ブルーナー、1988）。

3-2　思考と言語

　環境内の事物や自身の内的状態を認識する際に、言語がどのようにかかわるのか。先に述べたフォーダーのモジュール説では認識と言語がそれぞれ独立して機能するとされるが、両者が深くかかわるとする考え方も一方で存在する。

　一つの考え方は、言語が思考を決定づけるというものである。たとえば日本語では「青」と「緑」を色名で区別する。一方で、世界にはこれら二つの色を色名で区別しない言語もある。すると、サファイアとエメラルドを見たとき、青と緑の区別のない言語を話す人は、それらを同じ色の宝石として知覚するのだろうか。言語の特性が思考や知覚様式を決定するという考え方が**言語相対性仮説**（linguistic relativity hypothesis）である。提唱者ウォーフ（Whorf, B.）とサピア（Sapir, E.）の名を取ってサピア＝ウォーフ仮説（Sapir-Whorf hypothesis）とも呼ばれる。この仮説にもとづけば、青と緑を区別しない言語の話者にはサファイアもエメラルドも同じ色の宝石に見えることとなる。

　しかし現在では、言語が思考を決定すると考える「強い仮説」ではなく、言

語が思考に影響を及ぼすとする「弱い仮説」を支持するデータが示されている。たとえばドイツ語は名詞を文法的なジェンダーで分ける言語である。「キリン」は女性名詞なのだが，ドイツ語を話す幼児はそれを「お母さん動物」だと見なす傾向があった。一方，男性名詞・女性名詞といった文法カテゴリーがない日本語話者の幼児にはこのような傾向は見られなかった（今井，2010）。このようにドイツ語を話す幼児は動物をその文法的ジェンダーと一致する性として認識する可能性が示されている。しかし，ドイツ語話者が世の中にはメスのキリンしかいないと信じているはずはない。言語のもつ特徴が話者の思考を決定づける（強い仮説）というよりは，思考になんらかの傾向を生む（弱い仮説）と考えた方がよいだろう。

　思考と言語とが独立に発生しながら，発達の過程で両者に結びつきが起こるとする考え方もある。ロシアの心理学者ヴィゴツキー（Vygotsky, L. S.）によれば，はじめ言葉はコミュニケーションのために使われるものの，のちに思考の媒介として用いられるようになる。コミュニケーションのために複雑化された言語形式は**外言**，自分自身に向けられた簡略化された言語形式は**内言**と呼ばれる。思考のために用いられながらも音声化されたものが独り言であり，外言が内言へと内面化される移行の途中にあらわれるものだと考えられる（ヴィゴツキー，2001）。

3-3　発話行為と発話の解釈

　言語は認識や思考と連動して機能する。一方で，言語発達や心理臨床という観点からすると，他者とのコミュニケーションにおいて言語の果たす機能も無視できない。言語のこの機能を検討するのは語用論の分野である。

　正しく情報を伝えることは言語の大事な役割であるが，真偽を問うのが意味をなさない場合もある。たとえば「廊下を走ってはいけません」という発話はそれ自体が命令という社会的行為であり，事実に照らして正しいかどうかを問えない。言語哲学者のオースティン（Austin, J.）は**言語行為論**（theory of speech act）を提起し，言語の行為遂行的性質について検討した。

「廊下を走っているのは誰ですか」という発話も，状況によっては走る行為の禁止命令として機能する。文字通りには疑問文であるにもかかわらず，この発話が命令として解釈される理由について，言語哲学者のグライス（Grice, P.）は，会話とは協力的な行為であり，人は**協調原理**（Cooperative Principle：CP）にしたがって発話の産出や解釈を行っていると考えた。CP には四つの**会話の格率**（the maxim of conversation），すなわち，質の格率（真と信じることを話せ），量の格率（過不足なく情報を与えよ），関連性の格率（話し手・聞き手に関係あることを話せ），様態の格率（曖昧にではなく簡潔に話せ）がある。先の発話においては，廊下を走る者が誰かは明白である（おそらく，聞き手だろう）。このとき，質問をあえて行うのは無用なことであるにもかかわらず，実際に質問された。これは矛盾だが，なお話し手は CP に従っているのだから，当初の文字通りの解釈が誤りであり，話し手は質問ではないメッセージを言外に伝えているのだと聞き手は解釈できるのである。のちにスペルベル（Sperber, D.）とウィルソン（Wilson, D.）は**関連性理論**（relevance theory）を提起し，グライスと同様の問題，すなわち聞き手が発話の文字通りではない解釈を行う推論過程に関する検討を行った。

　他者の言葉を聞く際には上記のような推論過程がつねにはたらいている。セラピストは解釈に自覚的になるとともに，自らの発話が聞き手にどのような影響をもたらすのかにつねに配慮する必要があるだろう。

❖**考えてみよう**
　本文にも引用したヴィゴツキーの『思考と言語』という著作は，言葉の意味をめぐる論考である。そもそも，言葉の意味とは何だろうか。ヴィゴツキーは，ある言葉を聞いて意識に浮かぶすべてのことがらが意味だと述べる。すると，同じ言葉を聞いても経験する意味が人によって違うはずである。だとしたら，なぜ私たちは互いに支障なくコミュニケーションできるのだろうか。

📖 もっと深く，広く学びたい人への文献紹介
　加藤　重広（2019）．言語学講義──その起源と未来──　筑摩書房

☞言語学の現在の動向を，社会との接点を通して広く見渡すことができる。新書であるため入手しやすいだろう。

広瀬 友紀（2017）．ちいさい言語学者の冒険——子どもに学ぶことばの秘密——　岩波書店

☞「これ食べたら死“む”？」などの独特な表現に，言語の知識を自らつくる存在としての子どもの姿を見る，読んで楽しい言語発達入門。

斎藤 環（2015）．オープンダイアローグとは何か　医学書院

☞「オープンダイアローグ」とはフィンランドに始まった精神保健システム。近年では日本でもさかんに紹介されている。精神的な困難を抱えた人との言葉による対話（ダイアローグ）がもつ意義を考える契機となるだろう。

引用文献

American Speech-Language-Hearing Association (1982). Language [Relevant Paper]. https://www.asha.org/policy/ （2020年3月10日閲覧）

ブルーナー，J.　寺田 晃・本郷 一夫（訳）（1988）．乳幼児の話しことば——コミュニケーションの学習——　新曜社

ブルーナー，J.　岡本 夏木・仲渡 一美・吉村 啓子（訳）（1999）．意味の復権——フォークサイコロジーに向けて——　ミネルヴァ書房

藤田 耕司（2017）．生物言語学と進化言語学　畠山 雄二（編）　最新 理論言語学用語事典（pp. 212-213）　朝倉書店

藤田 耕司・田中 伸一・池内 正幸（2018）．統語演算システムの進化　遊佐 典昭（編）　言語の獲得・進化・変化——心理言語学，進化言語学，歴史言語学——（pp. 125-148）　開拓社

今井 むつみ（2010）．ことばと思考　岩波書店

レイコフ，G.・ジョンソン，M.　渡部 昇一・楠瀬 淳三・下谷 和幸（訳）（1986）．レトリックと人生　大修館書店

トマセロ，M.　辻 幸夫・野村 益寛・出原 健一・菅井 三実・鍋島 弘治朗・森吉 直子（訳）（2008）．ことばをつくる——言語習得の認知言語学的アプローチ——　慶應義塾大学出版会

ヴィゴツキー，L.　柴田 義松（訳）（2001）．思考と言語　新読書社

第6章　記憶と感情
——記憶が支える人の認知的活動

上宮　愛

　考える，話す，読む，意思決定するなど，私たちが日常的に行っている認知的活動のほとんどは，記憶によって支えられている。そして，記憶は，タイムスリップしたかのように，当時と同じ感情を私たちに再体験させる。その過去からもたらされる感情が，現在の行動や認知的活動に影響を及ぼすことがある。このように，記憶や感情は人が生きて行くうえで，なくてはならない機能であると同時に，完全にはコントロールできないものでもある。本章では，感情と関連する記憶のメカニズムについて概観し，特に公認心理師の実践にかかわるトピックを取り上げる。

1　記憶のしくみとその機能

1-1　短期記憶と長期記憶

　記憶の過程は，情報を覚える段階（**記銘，符号化**），覚えた情報を保存しておく段階（**保持，貯蔵**），そして，保存した情報を思い出す段階（**想起，検索**）と，大きく三つに分けることができる。そもそも情報を適切に符号化，貯蔵できていなければ，後でその情報を思い出すことはできない。また，貯蔵できていたとしても，検索に失敗すれば，それもまた思い出せないことにつながる。

　一時的に記憶することができ，時間が経つと忘れてしまうような記憶を**短期記憶**と呼ぶ。短期記憶の保持時間は，15〜30秒ほどである。ミラー（Miller, G. A.）によれば，人が一度に短期記憶で保持できる情報量はおよそ7±2チャンク

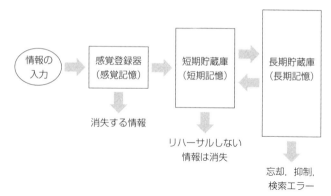

図6-1　記憶の二重貯蔵庫モデル
(出所）Atkinson & Shiffrin（1968）（1971）を改変

であるといわれている。チャンクとは情報のかたまりのことである。「4649」
のような4桁の数字の場合は数字1桁を1チャンクとすれば4チャンクという
ことになる。しかし，この数列を「ヨロシク」と語呂合わせにして覚えれば，
この数列が1チャンクとなり，同じような数字のかたまりを7±2個覚えられる
ことになる。

　短期記憶に対して，長い間保持される記憶を**長期記憶**と呼ぶ。長期記憶とし
て情報を保持するにはどうすればよいのだろうか。記憶研究では，二つの記憶
モデルが提唱されている。一つは，アトキンソン（Atkinson, R. C.）とシフリン
（Shiffrin, R. M.）による**二重貯蔵庫モデル**である（図6-1）。人は，周囲にあふ
れている情報の中で，注意を向けた情報だけを記憶することができる。情報は，
まず**感覚記憶**として**感覚登録器**に入力される。感覚登録器は，容量がとても小
さいため，入力された情報の多くはすぐに消失し，ごく一部の情報だけが**短期
貯蔵庫**に転送される。短期貯蔵庫に転送された情報は，繰り返し**リハーサル**す
ることによって，より長く短期貯蔵庫内で保持できる。リハーサルとは，情報
を繰り返し思い出したり，思い浮かべたりすることをさす（たとえば，4649,
4649…4649と頭の中で復唱するなど）。そして，短期貯蔵庫内により長く留める
ことができた情報のみが**長期貯蔵庫**に転送される。

　もう一つのモデルに，クレイク（Craik, F. I. M.）とロックハート（Lockhart,

R.S.) の**処理水準モデル**がある。
このモデルでは，長期記憶として
情報を保持するためには，その情
報をどのくらい深く処理したかが
重要となる。ただたんに繰り返す
だけの表層的な処理（**維持リハー
サル**）ではあまり効果がなく，そ
の情報の意味について理解したり，
カテゴリーに分類したり，自分と
その情報を関連づけるなど深く意
味的な処理が重要となる（**精緻化リハーサル**）。

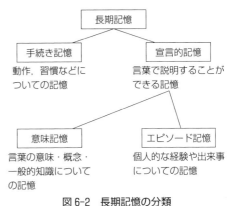

図6-2　長期記憶の分類
（出所）Tulving（1972）をもとに作成

　長期記憶は，いくつかの種類に分類することができる（図6-2）。「自転車の
乗り方」など，言葉で説明するのは難しいが，動作としてやってみるとできる
ような記憶のことを**手続き記憶**と呼ぶ。一方，言葉で説明することができるよ
うな記憶を**宣言的記憶**と呼ぶ。宣言的記憶はさらに，**意味記憶**と**エピソード記
憶**に分けることができる。意味記憶とは，「地球は丸い」「日本の首都は東京で
ある」「電車の乗り方」など，一般的な知識やルールに関する記憶である。エ
ピソード記憶は，「小学4年生のときに動物園に遠足に行ったときのこと」な
ど，いつ，どこで，誰がなどの情報を含んだ，個人的な経験についての記憶で
ある。意味記憶は「知っている」という感覚と強く結びついているのに対して，
エピソード記憶は「覚えている」「思い出せた」という**想起意識**をともなって
思い出されるといわれている。

1-2　ワーキングメモリ

　短期記憶では，保持できる情報量は7±2チャンクであった。これは，情報を
覚えることだけに集中した場合である。しかし，私たちの記憶を使った活動は，
そんな単純なものばかりではない。たとえば，人と会話する際には，相手が言
った内容を記憶しながら，次に自分が何を話そうかと考えて準備する作業を並

> **2文**
> 祖母は黙って家の外を眺めるような目つきをしていた。
> ドライアイスは冷凍食品を冷やすのにちょうどよい。
>
> **3文**
> 一番下の弟が，まぶしそうに目を動かしながら尋ねた。
> さまざまな工夫をこらして，西洋の言葉を学ぼうとした。
> 彼は，人々の信頼に答えようと，昼も夜も働いた。
>
> **4文**
> 大きなえびがたくさん並んでいるのが見えていた。
> 老人は私を隣に座らせ，風変わりな話を聞かせてくれた。
> 彼は5年生の時から天気予報の記録をずっと取っている。
> 警察官が広場中に聞こえるような甲高い声で叫んだ。

図6-3　日本語版リーディングスパンテスト　成人用の例

(出所) 苧坂 (2002)

行して行っている。また，算数の文章問題では，問題文の内容を保持しながら，計算をするという処理を同時に行っている。近年，短期記憶の概念を発展させた**ワーキングメモリ（作動記憶，作業記憶）**と呼ばれる記憶モデルが提唱された。ワーキングメモリでは，**処理資源**という概念が重要となる（第3章を参照）。たとえば，パソコンにたくさんの情報を保存してハードの容量がいっぱいに近づくと，パソコンの動作（処理）が遅くなることがある。同じように，私たちの心の容量にも限界があり，容量が限界に近づくと，課題の遂行により時間がかかったり，ミスが増えたり，作業効率が悪くなることがある。ワーキングメモリのモデルでは，処理（作業をすること）と保持（情報を記憶しておくこと）はトレードオフの関係にある。たとえば，課題を遂行するために覚えておくべき情報がたくさんあるような課題では必要な情報を保持することに80％のエネルギーを費やすことになり，残りの20％で処理を行わなければならなくなる。

　ワーキングメモリの容量を測定する代表的なものに，**リーディングスパンテスト**がある（図6-3）。この課題では，文章を口に出して読み上げながら，下線部の単語を記憶するよう参加者に求める。2文を読み上げ，下線部の単語を二つとも思い出せたらスパン得点は2.0となり，4文を読み上げ，単語を四つとも思い出せたら得点は4.0となる。成人を対象とした研究では，スパン得点の平均は3.0前後であるといわれている（Daneman & Carpenter, 1980など）。子どもの場合，平均スパン得点が7歳児では2.0。10歳児では2.82であることが示されている（苧阪，2002）。情報を保持しながら，処理を並行して行うと，短期

記憶で想定していた7±2チャンクの半分以下の情報しか人は記憶することができないことになる。

　ワーキングメモリは，研究領域によってその定義やモデルは少しずつ異なる。記憶研究の領域ではバドレー（Baddeley, A. D.）によるモデルが有名である（第3章の図3-6を一部参照）。このモデルでは，言語・音韻的な情報を保持する**音韻ループ**（文章問題の内容を計算し終わるまで覚えておくなど），視覚・空間・運動的な情報を保持する**視空間スケッチパッド**（物の形，配置，順序などに関する情報を課題遂行中に保持しておく），そして，複数の情報源から得た情報を統合して保持する**エピソード・バッファ**（音韻ループと視空間スケッチパッドの情報を統合して，長期記憶を参照し，課題を遂行し終えるまで保持しておく）と呼ばれる三つのシステムからなる。そして，この三つのサブシステムを制御，管理するのが**中央実行系**である（他の研究領域のモデルでは，**実行機能**という概念で説明されることもある）。中央実行系は，情報への注意の配分を行ったり，保持する情報を最新のものに更新したり，遂行中の課題から別の課題に注意を切り替えたり，遂行中の課題とは関連のない情報を意図的に抑制するなどの働きを行う。

1-3　自己にかかわる記憶（自伝的記憶）

　「小学校4年生の遠足で，お弁当箱をひっくり返し，中身を落としてしまってお弁当を食べられなかった」など，長期記憶の中でもいつ，どこで，誰が，何をしたなどの詳細情報が含まれ，自己と関連する過去の出来事についての記憶を**自伝的記憶**と呼ぶ。

　槙・仲（2006）は，日本の61〜82歳の高齢者に，50語の単語（例：水，母，本，火，海など）を提示し，それぞれの単語から思い出される過去の出来事と，それらの出来事が起こった時期について報告するよう求めた（このような研究方法を**手がかり語法**と呼ぶ）。参加者が報告した出来事の記憶を年代ごとに表示すると，図6-4のような分布を描く。一つめの特徴としては，現在に近い出来事のほうが多く思い出される（**新近性効果**）。二つめの特徴として，0〜3，4歳ごろまでの記憶に関する想起量が乏しい（**幼児期健忘**）。そして，三つめの特

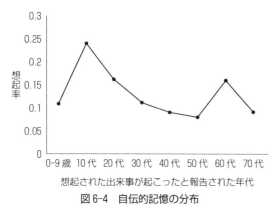

想起率

0-9歳　10代　20代　30代　40代　50代　60代　70代
想起された出来事が起こったと報告された年代

図6-4　自伝的記憶の分布
(出所) 槙・仲 (2006) より作成

徴として，10〜30歳ごろの出来事の想起量が多いという現象がある（**レミニセンス・バンプ**）。とくに，幼児期健忘，そして，レミニセンス・バンプといわれる現象は，どのような場合に人はその情報を長く記憶しておくことができるのか，そして，思い出しやすいのかを考えるうえでの重要な示唆を与えてくれる。幼児期健忘の原因については，いくつかの解釈が存在する。その一つに**社会的相互作用説**がある（Fivush, 1991）。この解釈では，子どもは，親との会話により（人に語ることで）記憶を定着させていくと考えられている。人はその出来事の意味を理解し，それを言葉にして他者に語り，説明できるようにならなければ，その出来事は記憶に残らないといえるだろう。また，レミニセンス・バンプが生じる原因としては，新規性の問題をあげることができる。10代から30代の時期は入学，卒業，就職，結婚など，はじめて体験する出来事が多く，これらの新規の出来事は，示唆性が高いために記憶に残りやすいといわれている（たんに，この時期は認知的なパフォーマンスがもっとも高いためという考え方もある）。一方，社会発達的な説明として，10代から20代の時期にはアイデンティティが確立され，自己のアイデンティティとかかわる出来事は，繰り返し想起され，人生の中で参照されることが多いため，記憶に定着しやすく，思い出されやすいともいわれている。

　近年では，「自伝的記憶を思い出すことには，どういった意味があるのか」という，自伝的記憶の機能的な側面に関する研究もなされている。また，過去の記憶を思い出し「なつかしさ」を感じることが，認知的，心理的側面によい効果をもたらすことが示され，認知症や抑うつ症状を緩和させることを目的とした回想法の研究なども行われている（楠見，2014）。

2　感情をともなう記憶の特性

2-1　気分一致効果と状態依存効果

　感情は，感情の覚醒度（高い—低い）と感情価（快—不快）の二つの次元でとらえることができる。一般的に，ポジティブな出来事と，ネガティブな出来事のどちらが記憶に残りやすいかという問題については，対象となる出来事の重要性（日常的な出来事なのか，人生の中でも重要な出来事なのか）や研究方法などによって結果は異なり，一貫した結論は得られていない。しかし，感情の覚醒度でいえば，覚醒度が強い出来事は，弱い出来事に比べて，記憶に残りやすいことが多くの研究で示されている（これらのまとめについては，神谷，2002を参照）。

　感情と記憶の関連については，古くは**状態依存効果**や，**気分一致効果**などの研究がよく知られている。状態依存効果とは，符号化時と検索時の感情の状態が一致している場合に記憶成績がよくなるという現象である。バウアー（Bower, G. H.）は，参加者に日常的な出来事について日記に記録させ，それぞれの出来事に対する感情を快，不快で評定させた。その後催眠により，半分の参加者はポジティブ感情に，残りの参加者はネガティブ感情に誘導された。誘導された感情状態で，日記に書いた出来事について思い出すよう求めた結果，ポジティブ感情に誘導された参加者は快な出来事を多く思い出し，ネガティブ感情に誘導された参加者は不快な出来事をより多く思い出すことが示された（Bower, Monteiro, & Gilligan, 1978）。

　一方の気分一致効果とは，符号化時の気分と記憶する情報の内容（ポジティブなのか，ネガティブなのか）が一致している場合に記憶が促進されるという現象である。ポジティブな気分のときはポジティブな内容の情報に関する記憶が促進され，ネガティブなときはネガティブな内容の情報が記憶されやすい。

　抑うつ患者は，ネガティブな刺激に注意を向けやすいという記憶バイアスがある。これは，状態依存効果，気分一致効果の現象により説明できる。抑うつ

に関する気分一致効果についてのメタ分析を行った研究では，うつ病患者はネガティブな情報についての再生率が高く，うつ傾向が低い人々は，ポジティブな情報についての再生率が高いことが示された（Matt et al., 1992）。抑うつ状態は，ネガティブな情報を想起しやすい。その結果，何かに取り組もうとするような場面でも，ネガティブな結末を迎えた記憶などを思い出しやすく，それが行動を妨げ，動機づけを下げることにつながる可能性が高いと考えられている。

2-2　トラウマ記憶

　人は，性的暴力，災害，そして，命の危険にさらされるような出来事などを体験，目撃することにより，心的外傷後ストレス障害（posttraumatic stress disorder：PTSD）を発症することがある（PTSDの詳しい内容については，第12章で取り上げる）。記憶との関連について考えると，PTSD症状の中には，**侵入想起**と呼ばれるものがある。『精神疾患の診断・統計マニュアル』（DSM-5）（American Psychiatric Association, 2013 髙橋・大野監訳 2014）によれば，侵入想起とはトラウマを体験した当時の状況が突然，意図せず，繰り返し思い出されるというものである（**フラッシュバック**など）。患者はトラウマを体験したときと同じような状況，場面，情報に接すると，それが手がかりとなり，トラウマ体験の記憶を思い出しやすくなる。再度起こりうる類似の事態を回避する警告として，侵入想起は起こると考えられている（松村，2015）。

　自伝的記憶はトップダウンと，ボトムアップによる検索がある。トップダウンによる検索は，「小学校のころの夏休み」→「3年生のときの家族旅行」→「飛行機の出発時間になりスーツケースを持ってみんなで走った」となる。一方，手がかりを辿りながらのトップダウンでの意識的な検索とは異なり，ボトムアップでの想起は自動的であり，何の前触れもなくそのときの状況が視覚的に思い出される。トラウマ記憶は，ボトムアップの処理によって想起される。そのため，侵入想起は，強い不安や恐怖の感情を引き起こし，患者はトラウマ記憶を思い出すことを意識的に抑制しようとする。しかし，思い出さないようにするためには，トラウマ記憶の手がかりとなるような情報への接触を回避し

なければならない。そして，回避するためには，つねに手がかりとなるような情報が周りにないかを監視しつづけなければならないという矛盾した状況に陥る。このような状況は，思い出さないようにするとかえって思い出してしまうという**皮肉過程理論**で説明されるような現象を引き起こす。この現象を示すものに「シロクマ実験」があげられる。この実験では，参加者にシロクマについて絶対に思い出さないように教示する。すると，シロクマについて思い出すように教示された参加者に比べて，思い出さないように教示された参加者は，よりシロクマについて思い出してしまうようになることが示された（Wegner, Schneider, Carter, & With, 1987）。

　また，トラウマ記憶のもう一つの特徴として，**トンネル記憶**という現象がある。感情の覚醒度が高い出来事は，出来事の中心的な情報に関する記憶を増大させるが，周辺的な詳細情報の記憶を減少させる。ケンジンジャーら（Kensinger, Garoff-Eaton, & Schacter, 2007）は，ニュートラルな背景（街並み）にネガティブな事物（例：事故車，蛇など）を配置した画像と，ニュートラルな背景にニュートラルな事物（例：普通の車，シマリスなど）を配置した画像を参加者に提示し，後で配置された事物や背景についての記憶テストを実施した。その結果，ネガティブな事物に関する記憶は，ニュートラルな事物に関する記憶よりも成績がよいことが示された。それに対して，背景情報については，ネガティブな事物が配置されている場合の背景情報のほうが，ニュートラルな事物が配置されている場合の背景情報に比べて記憶成績が低いことが示された。

3　記憶を正確に聴き取る

3-1　記憶の変容

　人はビデオカメラのように，そのときの状況を正確に記録し，後にそれをそっくりそのまま再生することはできない。私たちは，日々，現在の自分に辻褄が合うように記憶を書き換え，記憶を再構成しながら生きている。バートレット（Bartlett, F. C.）は，イギリス人大学生に馴染みのない，「幽霊たちの戦い」

というアメリカ先住民の民話を読ませ，後でその物語の内容を思い出すように求めた。その結果，参加者の報告した内容では，細部や馴染みのない部分が省略される（省略），辻褄が合わない部分については辻褄が合うように情報が加えられる（合理化），馴染みのない言葉や名称は馴染みのあるものに変えられる（細部の変化：「カヌー」が「ボート」に，「アザラシ狩り」が「釣り」に）などの**記憶の変容**が生じていた（Bartlett, 1932）。バートレットは，これらの変容を**スキーマ**によって生じたものであると解釈した。スキーマとは，過去の経験の蓄積によってつくられた認知的枠組みをさす。たとえば，顔スキーマは，目，鼻，口，耳からなる。私たちは，目と鼻と口と耳があるものを見ると，スキーマに照らし合わせて，それを「顔である」と認識することができる。スキーマは，新しい情報を効率的に認知するうえで非常に便利である。一方，覚えていない部分，記憶が欠落している部分は，スキーマの代表的な情報によって補われて思い出されることがある。既存のスキーマと矛盾する情報は，辻褄を合わせるためにスキーマに合致するような内容に書き換えられることもある。このようなメカニズムを鑑みれば，記憶が変容するという現象はけっして驚くべきことではないことがわかる。

　また，人は後から与えられた情報によって記憶を書き換えてしまうことがある。これを，**事後情報効果**と呼ぶ（Loftus & Palmer, 1974）。参加者に交通事故に関する映像をみせ，その後視聴した事故の映像に関する質問に回答するよう求める。質問の中の一つに，「車同士が○○したとき，車はどのくらいの速さで走っていましたか」というものが含まれていた。この質問では，参加者によって，○○の部分に異なる単語を使用した。単語は，「激突」「衝突」「ぶつかった」「当たった」「接触」の五つが使用された。同じ映像を目撃していたにもかかわらず，「激突」という単語を用いて質問した参加者は，車の速度を平均時速40.8マイル（時速66 km）であると報告したのに対して，「接触」という単語を使用した参加者は，平均時速31.8マイル（時速51 km）ほどであったと報告した。実験2では，さらに1週間後に，実際には映像に含まれていなかった「割れたガラス」を目撃したかどうかを尋ねると，「当たった」という単語を

使用した参加者の14％が，「激突した」という言葉を使用した参加者では32％が，割れたガラスを見たと回答した。事後情報効果は，非常に頑健な現象であることが多くの研究によって示されており，質問の仕方や後から与えられた情報によって記憶を変容させることはとても簡単なことであるといえる。

3-2　虚記憶

　アメリカでは，1990年代ごろから幼少期に受けた性的虐待についての，長い間抑圧され，忘れられていた記憶を大人になってから心理治療の過程で回復するという事例が数多く報告された。これらの事例では，回復された記憶をもとに，両親を訴える訴訟が増加し，アメリカでは社会的な問題となった。これらの記憶の中には，実際には体験していない**虚記憶**も含まれていた（ただし，実際の性的虐待の被害で苦しんでいる被害者が数多く存在することは特筆すべきことである）。この虚記憶の問題は，心理療法家と記憶心理学者の間で大きな論争を巻き起こした。

　心理療法家らの主張は，性的虐待に関する記憶は強いトラウマを引き起こし，思い出すと耐えられなくなるため，記憶は抑圧され，長い間思い出せないような状態になるというものである。身体的，精神的な症状を抱えていた患者らは，原因がわからないままセラピストのもとを訪れる。セラピストらは，幼少期に性的虐待を経験した人々の多くが同じような症状を発症することを伝え，解決するには，その思い出せない性的虐待の記憶を回復し，向き合う必要があると説明する。その当時，アメリカでは専門的なトレーニングを受けていない心理療法家たちにより，抑圧された記憶を回復するためのセラピーが数多く行われていた。

　一方，ロフタス（Loftus, E. F.）を中心とした認知心理学領域の記憶研究者らは，これらの回復された記憶はセラピーの過程で植えつけられた虚記憶であると反論し，多くの実験を通して虚偽の記憶を参加者に植えつけることができることを証明してみせた。代表的な虚記憶の実験に，ハイマン（Hyman, I. E.）らが行った実験がある（Hyman, Husband, & Billings, 1995）。彼らは，大学生に面

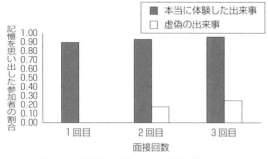

図 6-5　虚記憶を思い出した参加者の割合
（出所）Hyman et al.（1995）より作成

接を実施し，その中で子どものころに体験した三つの出来事について思い出して報告するよう求めた。この三つの出来事のうち，二つは実際に体験したことのある本当の出来事であった。そして，一つは実際には体験していない虚偽の出来事

であった（あらかじめ両親に体験していないことを確認）。虚偽の出来事の内容は，「親戚の結婚式に出席した際に，テーブルにあったパンチボール（フルーツポンチやカクテルなどを入れる大きな鉢）をひっくり返して花嫁の両親にぶっかけてしまった」というものであった。面接は 3 回実施された。その結果，実際に体験した本当の出来事については， 3 回の面接を通して，多くの参加者がその記憶を思い出すことができたのに対して，虚偽の出来事については， 1 回目の面接でその記憶を思い出すことができた参加者はいなかった。しかし， 2 回，3 回と面接を繰り返すうちに， 2 回めでは約18％， 3 回めでは約25％の参加者が虚偽の出来事に関する記憶を思い出すようになったことが示された（図6-5）。人は，過去の記憶を思い出そうとする際に，頭の中でその視覚的なイメージを思い浮かべる。虚偽の出来事の場合には，自分のもっている一般的なイメージや，過去にみた映像や写真などの内容を参考にして視覚的なイメージを頭の中でつくり上げていく。それを繰り返し思い浮かべているうちに，本当に体験したことであるのか，たんにイメージしたことであるのか弁別できなくなる。このように，ある情報がどこから来たのか（人に聞いたのか，テレビで見たのか，たんにイメージしたのか，本当に体験したのかなど），その情報源を判断することをソース・モニタリングと呼ぶ。虚記憶の生成は，しばしばこの情報源の混乱によって生じると考えられている。

3-3　司法面接

　虚記憶の問題と同じように，欧米諸国では，子どもたちが実際にはなかった性的虐待についての申し立てを行うという事件が数多く起こった。有名なものに，イギリスのクリーブランド事件や，アメリカのマクマーチン事件などがあげられる。クリーブランド事件では，不適切な聴取技法を用いた子どもへの被害事実の聴取を行ったことで，約125名の子どもが実際にはなかった性的虐待に関する申告を行い，保護者らから引き離されて保護される事態となった。マクマーチン事件では，マクマーチン親子が経営する幼稚園に通っていた園児（卒園児を含む）約360名が園の職員からの性被害を訴えた（後に職員の無罪が確定した事件である）。これらの事件の教訓を受け，欧米諸国では子どもへの性的虐待をはじめとした被害事実の聴取において，**司法面接**と呼ばれる面接技法が用いられるようになった。日本でも，2015年10月に，厚生労働省・最高検察庁・警察庁の三機関が，被害児童への聴取に関する通達を出し，子どもにかかわる司法や福祉の現場で用いられている。司法面接の主な目的は，1）聴取を繰り返すことによって生じる子どもへの精神的な二次被害を最小限にとどめ，2）子どもから正確な情報をより多く引き出し，3）録音・録画によって聴取内容の正確な記録を残すことである。

　子どもの精神的な負担を減らすという点については，聴取（面接）の回数を最小限にすることを課題としている。多くの事例では，まず通告を受けた児童相談所が子どもに聴取し，その後，警察，検察などによる聴取が複数回実施される。このように，繰り返し被害の内容についての記憶を思い出し，語らせることは，精神的二次被害を引き起こす可能性がある。司法面接では，多職種（警察官，検察官，児童相談所職員，心理職，医師，弁護士など）がその役割を果たすために必要とする情報を，一人の面接者が代表で子どもから聴き取る。面接は原則として1度だけ行い，その内容は録画・録音される。

　司法面接のもう一つの重要な目的は，正確な情報をより多く引き出すことである。事後情報効果や虚記憶の現象を鑑みれば，子どもへの事実確認では，その記憶を誘導，汚染しないよう細心の注意が必要になる。司法面接では，**自由**

表6-1　司法面接で使用する質問の種類

	質問タイプ	例	司法面接で良いとされている質問
自由報告（オープン質問）	1）誘いかけ	〜について話してください 最初から最後まで全部話してください	○
	2）時間分割	Aの時点（例：お風呂に入って）から，Bの時点（例：寝る）までの間について話してください （A，Bには子どもが用いた言葉を入れて質問する）	○
	3）手がかり	さっき〜と言っていましたが，その〜について話してください （〜には子どもが用いた言葉を入れて質問する）	○
	4）促　し	それから？ その後は？ それからどうなりましたか？ その後どうなりましたか？	○
クローズド質問	5）WH質問	服は何色でしたか？ それはいつのことですか？ どこの部屋ですか？ それは誰ですか？ （いつ，どこで，誰が，何を，どのようになど5W1Hに関する質問。一問一答形式になりやすい。）	△ 面接の後半で使用
	6）yes/no	その人物はショートカットでしたか？ （はい，いいえで答えるような質問）	△ 面接の後半で使用
	7）選択式	その車の色は赤ですか？　青ですか？ （選択肢を示し，子どもに選ばせるような質問）	△ 面接の後半で使用
	8）誘　導	子どもが「叩かれた」とは言っていないのに，叩きましたか？ 叩いたんですね？ （子どもが報告していない情報について，面接者のほうから特定の情報を示し，それに対して「はい」という答えを導き出そうとするような質問）	×

（出所）仲（2016）より作成

報告と呼ばれる質問技法が用いられる（表6-1）。自由報告では，**オープン質問**と呼ばれる質問を使用する。オープン質問は，誘導が少なく，子ども（話し手）の自発的な報告を引き出すといわれている。一方，**クローズド質問**と呼ばれる，誘導性の高い質問は最小限にとどめることが推奨されている。クローズド質問では，質問の中に埋め込まれた情報が誘導となり，記憶を変容させてし

まう可能性がある。虚記憶などの現象を考えれば，治療の過程は，事実確認の過程とは明確に分けて実施される必要がある。

❖考えてみよう

トラウマをともなうような出来事について聴き取りを行う際に，どのような点に注意すればよいだろうか。また，トラウマ記憶の特徴から，臨床的な場面ではどのような現象が生じやすいだろうか。

もっと深く，広く学びたい人への文献紹介

杉山 崇・越智 啓太・丹藤 克也（2015）．記憶心理学と臨床心理学のコラボレーション　北大路書房
　☞この本では，とくに臨床心理学の領域で扱う記憶の特徴について，理論的にわかりやすく書かれている。記憶研究と臨床心理学の関連を新しい視点で，非常に面白く説明している，数少ない本である。
ロフタス，E. F.・ケッチャム，K.，仲 真紀子（訳）（2000）．抑圧された記憶の神話――偽りの性的虐待の記憶をめぐって――　誠信書房
　☞とくに欧米諸国では，記憶研究（認知心理学）と臨床心理学はこれまであまり交わり合う機会がなかった。その理由の一つは，この虚記憶に関する論争が原因であるといえる。この虚記憶の現象について，物語仕立てで読める，読みやすい本である。

引用文献

American Psychiatric Association（2013）. *Diagnostic and statistical manual of mental disorders*（5th ed.）. American Psychiatric Publishing.
（日本精神神経学会（日本語版用語監修）髙橋 三郎・大野 裕（監訳）（2014）．DSM-5 精神疾患の診断・統計マニュアル　医学書院）
Atkinson, R. C., & Shiffrin, R. M.（1968）. Human memory: A proposed system and its control processes. In K. W. Spence & J. T. Spence（Eds.）, *The psychology of learning and motivation: Advances in research and theory*（Vol. 2, pp. 89-195）. New York: Academic Press.
Atkinson, R. C., & Shiffrin, R. M.（1971）. The control of short-term memory. *Scientific American, 225*, 82-90.
Bartlett, F. C.（1932）. *Remembering: A study in experimental and social psychology*. Cambridge: Cambridge University Press.
Bower, G. H., Monteiro, K. P., & Gilligan, S. G.（1978）. Emotional mood as a context

for learning and recall. *Journal of Verbal Learning and Verbal Behavior, 17,* 573-585.

Daneman, M., & Carpenter, P. A. (1980). Individual differences in working memory and reading. *Journal of Verbal Learning and Verbal Behavior, 19,* 450-466.

Fivush, R. (1991). The social construction of personal narratives. *Merrill-Palmer Quartely, 37,* 59-82.

Hyman, I. E., Husband, T. H., & Billings, F. J. (1995). False memories of childhood experiences. *Applied Cognitive Psychology, 9,* 181-197.

神谷 俊次（2002）．第 5 章 感情とエピソード記憶　高橋 雅延・谷口 高士（編著）　感情と心理学――発達・生理・認知・社会・臨床の接点と新展開――（pp. 100-121）　北大路書房

Kensinger, E. A., Garoff-Eaton, R. J., & Schacter, D. L. (2007). Effects of emotion on memory specificity: Memory trade-offs elicited by negative visually arousing stimuli. *Journal of Memory and Language, 56*(4), 575-591.

楠見 孝（2014）．なつかしさの心理学――思い出と感情――　誠信書房

Loftus, E. F., & Palmer, J. C. (1974). Reconstruction of automobile destruction: An example of the interaction between language and memory. *Journal of Verbal Learning and Verbal Behavior, 13,* 585-589.

槙 洋一・仲 真紀子（2006）．高齢者の自伝的記憶におけるバンプと記憶内容　心理学研究, *77*(4)，333-341.

松村 健太（2015）．第 4 章　PTSD の生物学的病理モデル　杉山 崇・越智 啓太・丹藤 克也（編著）．記憶心理学と臨床心理学のコラボレーション（pp. 65-78）　北大路書房

Matt, G. E., Vazquez, C., & Campbell, W. K. (1992). Mood-congruent recall of affectively toned stimuli: A meta-analytic review. *Clinical Psychology Review, 12,* 227-255.

仲 真紀子（2016）．子どもへの司法面接――考え方・進め方とトレーニング――　有斐閣.

苧阪 満里子（2002）．脳のメモ帳――ワーキングメモリ――　新曜社

Tulving, E. (1972). Episodic and semantic memory. In E. Tulving & W. Donaldson (Eds.), *Organization of memory* (pp. 381-403). New York: Academic Press.

Wegner, D. M., Schneider, D. J., Carter, S. R., & With, T. L. (1987). Paradoxical effects of thought suppression. *Journal of personality and Social Psychology, 53,* 5-13.

第7章　パーソナリティ
──その人らしさを考える

大久保智生

心理臨床活動を行っていくうえで，クライエントがどのような人間なのかというクライエントのその人らしさを知ることは非常に重要である。その一方で，「クライエントはこのような人間に違いない」と決めつけてしまうと，その後，問題になることもある。こうしたその人らしさは心理学でどのように考えられるのだろうか。また，その人らしさはどのように形成され，発達していくのだろうか。ここでは，パーソナリティ心理学といわれる分野について，パーソナリティという概念，パーソナリティの理解の仕方，パーソナリティの形成や発達について考えていく。

1　パーソナリティとは

心理学で用いられる**パーソナリティ**とは何を表す用語なのだろうか。簡単にいえば，その人がどのような行動をする人なのかなどのその人らしさを表す用語であるといえる。心理学を学び始める者にとって，その人らしさを表すパーソナリティは，非常に関心のある分野であろう。自分にはどのような特徴があるのか，どのようにその人らしさを判断するのか，ここでは述べていく。

1-1　パーソナリティと性格，気質

おそらく多くの読者にとって，「パーソナリティ」よりも「**性格**」という用語のほうがなじみ深いはずである。あの人は「社交的」「まじめ」などといっ

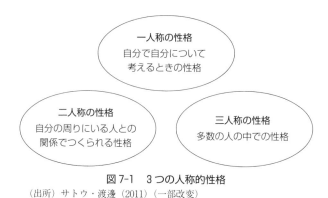

図 7-1　3 つの人称的性格
（出所）サトウ・渡邊（2011）（一部改変）

たように，これまでに自分や他者の性格について話す機会は数多くあったはずである。自分の性格についても，たくさんの言葉が思いつくだろう。ただし，自分が思っている性格と他者が思っている性格が違うことはよくある。さらに，性格を他人との比較によって，理解しようとすることもある。

　こうした性格のとらえ方は一人称の性格，二人称の性格，三人称の性格という**人称的性格**（サトウ・渡邊，2011）によって整理可能である（図 7-1）。一人称の性格とは自分で自分について考えるときの性格である。二人称の性格とは，自分の周りにいる人との関係でつくられる性格である。三人称の性格とは，多数の人の中での性格である。心理学では，一般的に三人称の性格，つまり客観性を重視した外部視点の性格を対象とすることが多く，それはパーソナリティと呼ばれ，個人の行動パターンを意味している（荒川，2012）。このようにもっとも身近な自分の性格でさえ，一人ではとらえきれないため，様々な面からアプローチすることが必要である。

　さらにもう一つ，その人らしさを表す用語として気質がある。**気質**とは生物学的基盤にもとづく行動様式をさし，生まれながらにしてもっている性質であり，パーソナリティの土台となるものといえる。これまでの研究から，出生間もない新生児においても気質の違いがあることが示されている。

1-2　パーソナリティの判断

　人は何を見てその人らしさを判断するのだろうか。たとえば，あの人は「怒りっぽい」と判断するときは，嫌なことがあったときに人や物に言葉であたる，もしくは物理的にあたる，などの行動を見た際ではないだろうか。このように，パーソナリティはそれが何らかの形で行動に反映されたときにはじめて観察可能なのである。つまり，外に現れた行動から内にあると考えられるパーソナリティを判断しているといえる。

　それでは，なぜ同じ行動をする人を見てもパーソナリティの判断が違うのだろうか。たとえば，怒りを表すという他者から見える行動は同じでも，怒りを表しているから「気が短い」と判断する人もいれば，誰かのために怒っているから「やさしい」と判断する人もいる。つまり，同じ行動でも見る人によって異なった判断をしてしまうのである。これは心理学では**対人認知**という分野で研究されている。

　この対人認知に影響を与える要因として，**暗黙のパーソナリティ観**が挙げられる。暗黙のパーソナリティ観とは，経験から形成されたパーソナリティに関する素朴な信念のことであり，これにもとづいて我々は他者を判断しているのである。たとえば，おとなしい人は神経質に違いない，血液型がB型の人は自己中心的であるというような信念などがこれにあたる。同じ行動をする人に対する判断が異なるのは他者を判断する際の基準となる信念が人によって異なるからであると考えられている。こうした信念は知らず知らずのうちに形成され，無意識に適用していると考えられている。パーソナリティの判断において，こうしたものの影響を完全に排除することは非常に困難である。むしろ，こうした暗黙のパーソナリティ観のような要因が対人認知に影響していることを知ることが重要である。

2　パーソナリティの理解

　パーソナリティはどのように理解できるのだろうか。パーソナリティの理解

の仕方には，「あの人はA型っぽいよね」というようにタイプでとらえる**類型論**，「あの人は協調性はあるけど，社交性があまりないよね」というように特性の強弱のプロフィールでとらえる**特性論**，「あの人は普段学校ではのんびりしているけど，アルバイト先だとテキパキしてるよね」というように，その人がおかれた状況も考慮してとらえる**相互作用論**など様々なとらえ方がある。ここでは，パーソナリティ理解における様々な仕方と，それぞれのとらえ方の長所と短所について考えていく。

2-1　類型論

　類型論とは，なんらかの基準から典型的なタイプに分類し，その典型的特徴からパーソナリティを説明，理解しようとする立場である。わかりやすくいえば，パーソナリティをいくつかのタイプに分類して，どのタイプに属するかによって，パーソナリティをとらえる見方である。したがって，日常場面での「君はA型っぽいよね」「あの人は草食系だね」などの言い方は類型論によるとらえ方といえる。

　こうした類型論でもっとも有名なのが**クレッチマー**（Kretschmer, E.）の類型論である。クレッチマーは，精神医学の臨床経験にもとづいた体格とパーソナリティの関連から，肥満型，細長型，闘士型という独自の三つの類型を提唱した（図7-2）。クレッチマーの類型論では，肥満型（太っている人）は循環気

循環気質	分裂気質	粘着気質
肥満型	細長型	闘士型

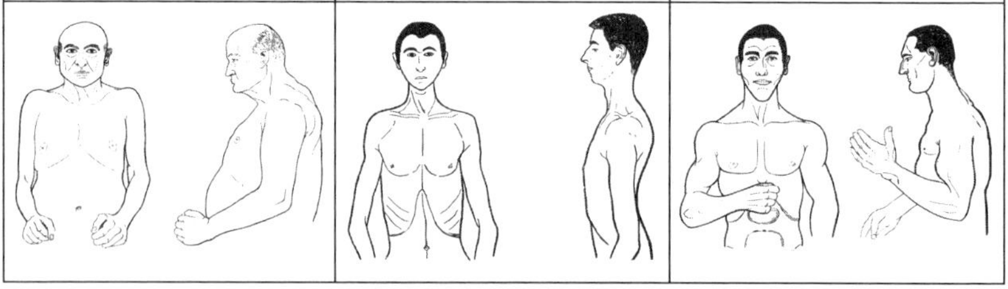

図7-2　クレッチマーの類型
（出所）Kretschmer（1955 相場訳 1960），Kretschmer（1921 斎藤訳 1944）より作成

質（社交的で活発）が多く，細長型（痩せている人）は分裂気質（非社交的で内気）が多く，闘士型（がっちりしている人）は粘着気質（几帳面で粘り強い）が多いとされている。ただし，西洋人の体系の特徴が前提となっており，現在はクレッチマーの理論は支持されているとはいえない。

シェルドン（Sheldon, W. H.）もまた体格とパーソナリティの関連について，内胚葉型，中胚葉型，外胚葉型の三つの類型を提唱した。シェルドンの類型論では，内胚葉型（太っている人）は内臓緊張型（ゆったりとしており，社交的）が多く，中胚葉型（がっちりしている人）は身体緊張型（精力的で競争的）が多く，外胚葉型（痩せている人）は頭脳緊張型（過敏で非社交的）が多いとされている。もちろんシェルドンの類型論も現在は支持されていないが，クレッチマーやシェルドンの類型論はアニメやドラマの登場人物のパーソナリティなどには影響しており，我々のステレオタイプとも関連していることがよくわかる。

このほかにも有名な類型論として**シュプランガー**（Spranger, E.）の類型論や**ユング**（Jung, C. G.）の類型論などもある。シュプランガーは基本的な生活領域を六つに分類し，どの生活領域に価値をおくのかにもとづいて六つの類型を設定している。ユングは心的エネルギーが内もしくは外に向かうのか（内向─外向）と四つの心的機能（思考，感情，感覚，直観）の組み合わせから八つの類型を設定している。

こうしたタイプでとらえる類型論の長所は，人を全体的に把握しやすいことや典型タイプの特徴を知っていると直感的に他人を理解しやすいことが挙げられる。短所は，現実には人は様々な特徴をもっていることや中間型が見過ごされやすいことや性格を静的なものとしてとらえ，社会文化的要因が軽視されていることが挙げられる。また，類型の数が少ないとわかりやすいが，様々な特徴を網羅できず，逆に類型の数が多くなると様々な特徴を網羅できるが，わかりにくくなるということも挙げられる。

2-2　特性論

特性論とは，人々の行動パターンからパーソナリティを構成する基本的要素

である**特性**を導き出し，特性の量的差異によってパーソナリティを説明，理解しようとする立場である。わかりやすくいえば，パーソナリティをいくつかの特性の集合体ととらえ，それぞれの特性の強弱によってパーソナリティをとらえる見方である。したがって，日常場面での「君は協調性が高いね」「あの人はあまり社交性がないよね」などの言い方は特性論によるとらえ方といえる。

　特性論は**オルポート**（Allport, G. W.）が提唱し，近年のパーソナリティ理論にも受け継がれている。オルポートは辞書にある40万語の中から特性を表す約18,000語を整理し，①個人の特性を表す用語，②一時的な気分や心的状態を表す用語，③評価を表す用語，④その他の四つに分類する**語彙研究**を行った。そして，オルポートは，その人固有の**個別特性**と多数の人に共通する**共通特性**を提案した。オルポートはとくに，その人固有の個別特性の検討を重視していたが，その後の特性論は共通特性に注目して発展を遂げている。

　オルポート以降の特性論で有名なのは**キャッテル**（Cattell, R. B.）の特性論と**アイゼンク**（Eysenck, H. J.）の特性論である。キャッテルは，多数の項目への多数の人の回答傾向から背景にある因子を抽出する多変量解析である**因子分析**を用いて特性の整理を行い，16個の因子を見出し，この16個の因子を測定する心理尺度を作成している。アイゼンクは，キャッテルと同様に因子分析を用いながらも類型論を融合し，内向性―外向性の因子と神経症的傾向の因子を性格の基本的次元ととらえ，この組み合わせの空間上に個人を位置づけることで個人差をとらえ，自身の理論にもとづいた尺度を作成している。

　現在，特性論では研究が蓄積され，**ビッグファイブ**と呼ばれる5因子モデルが支持されている。これは①外向性，②調和性，③誠実性，④神経症傾向，⑤開放性という五つの因子でパーソナリティを理解しようという立場である。研究者によって五つの因子の名称は異なっているが，ある程度共通したものであり，文化を超えて普遍的であり，ある程度遺伝することも確認されている。5因子の測定では，NEO-PI-R（Costa & McCrae, 1992）など多くの尺度が作成されており，日本では最近，5因子を10項目で簡便に測定できる尺度であるTIPI-J（小塩・阿部・カトローニ，2012）が作成されている。

　こうした特性の強弱でパーソナリティを記述する特性論の長所は，パーソナリティを客観的に数値として測定することができることや特性の強弱のプロフィールの作成によって詳しくとらえられることが挙げられる。短所は，特性の強弱のプロフィールで表されるために全体像がわかりにくいことや，その人だけの独自の特性をとらえきれないことが挙げられる。

2-3　相互作用論

　相互作用論とは，内的要因（個人）と外的要因（状況）の**相互作用**によって人間の行動を説明，理解しようとする立場である。わかりやすくいえば，個人と状況両方から人間の行動を考えていこうという見方である。したがって，先にも述べた日常場面での「あの人は普段はのんびりしているけど，バイト先ではテキパキしているよね」などの言い方は相互作用論によるとらえ方といえる。

　パーソナリティ心理学者の**ミシェル**（Mischel, W.）は，様々な研究を概観した結果，行動に状況を超えた**一貫性**は認められないことを著書の中で指摘した（Mischel, 1968 詫摩監訳 1992）。たとえば，学校とアルバイト先では行動は一貫しないということである。ただし，類似した状況では一貫性があることも指摘している。たとえば，パーティーや合コンなど見知らぬ人がたくさんいるという類似した状況では，社交性の低い人はあまり話しかけないというように類似した状況かどうかが重要なのである。また，ミシェルは，特性―行動間の関連を表す相関係数の低さ（0.2から0.3程度）から，特性が行動のどのくらいを説明しているかを表す説明率としては10%以下であり，パーソナリティ特性の自己報告の結果から行動は予測できるとはいえないことも指摘した。

　ミシェルの指摘は，特性論に対する強烈な批判であり，さらに行動に対する状況の重要性を主張するものである。これ以降，「**人間―状況（人か状況か）論争**」と呼ばれる行動の決定因が，個人なのか状況なのかについての議論が展開された。この論争により，人か状況かではなく，人も状況もという個人と状況の相互作用を重視する考え方が普及していった。

　相互作用論は，人間の行動を個人の特性と状況をセットにして，その複合的

な影響を考えていくものである。当初の研究では，個人要因と状況要因が独立
して存在し，それぞれの独自の影響を表す主効果と個人要因と状況要因の組み
合わせの効果を表す交互作用から，相互作用の説明力をとらえていった。その
後，個人要因と状況要因が独立して影響するとは考えない，力動的な相互作用
にもとづく**新相互作用論**（Endler & Magnusson, 1976）が出てきた。新相互作用
論では，相互作用を連続的な過程としてとらえ，個人の状況の認知や状況の個
人にとっての意味，さらに個人が能動的に相互作用にかかわることを重視する
ことを特徴としており，現在も様々な研究が行われている。

　こうした相互作用論の長所は，多くの研究が蓄積され，状況の重要性が広く
知られ，パーソナリティ心理学が進展したことが挙げられる。短所は，方法論
が確立されておらず，状況をどのように測定するのか，妥当性のある測定法が
あまりないことが挙げられる。

3　パーソナリティの形成

　パーソナリティはどのように形成され，発達していくのだろうか。最近の研
究では，遺伝の影響が大きいことが明らかとなっているが，それでも，すべて
遺伝が規定しているわけではない。つまり，遺伝と環境の相互作用によって，
パーソナリティは形成され，発達していくのである。また，パーソナリティは
遺伝にもとづく気質や環境によって受動的に形成されるだけではなく，自分自
身で変えていくことも可能であり，偶発的で 1 回だけのできごとが影響を及ぼ
すこともある。詫摩（1990）はパーソナリティの発達について，**内的要因，外
的要因，自己形成の要因，一回性の要因**という四つの規定要因を挙げているが，
本節ではこの四つの規定要因から説明していく。

3-1　内的要因
　氏か育ちかといった言葉に代表されるように，昔からパーソナリティの発達
に内的要因である遺伝が影響しているのか，外的要因である環境が影響してい

るのかは人々の関心事であった。パーソナリティは遺伝によるもので生まれつき決まっているとする生得説と，パーソナリティは生後の環境で決まるもので人はどんな人間にでも育てられるとする経験説があったが，現在はどちらも支持されていない。

　古くは**家系研究**と呼ばれる特定の才能を数多く輩出する家系に注目してパーソナリティ形成における遺伝の影響を調べる研究が行われ，ある家系での犯罪者の多さなどについて検討されてきた。家系研究の結果はかつて生得説の有力な根拠とされていた。だが，たとえば，親が犯罪者であれば劣悪な環境で育つことになり，そのため自暴自棄になり犯罪に走る確率も高くなる。したがって，子どもが犯罪者になる要因が遺伝なのか環境なのかの明確な区別ができず，どちらも明確な根拠とはならない。このようなことから，現在では家系研究は批判されている。

　現在，こうした遺伝と環境の影響の強さについて研究しているのが行動遺伝学であり，その手法に**双生児研究**がある。一卵性双生児は1つの受精卵が分離したものであることから，遺伝情報の一致率は100％である。二卵性双生児は別々に受精した二つの受精卵であり，遺伝情報の一致率は約50％といわれている。双生児研究では，一卵性双生児と二卵性双生児を比較し，一卵性双生児の類似度が高く，二卵性双生児の類似度が低い場合，その特徴には遺伝の影響が強いといえる。こうした比較から，遺伝しやすい特徴や遺伝しにくい特徴が明らかになっている。

3-2　外的要因

　外的要因は，個人の外から働きかける要因であり，環境要因としてとらえられている。環境要因がパーソナリティ形成に影響を与えているのは当然であるが，近年の双生児研究の知見から環境要因の影響の程度も明らかになっている。双生児研究では，環境を双子が共有している**共有環境**と双子が共有していない個人特有の**非共有環境**の二つに分け，その影響を推定しているが，共有環境の影響はほぼ0であり，非共有環境の影響は50〜70％であり，遺伝の影響は

30〜50％である。したがって，共有環境の影響は弱く，非共有環境の影響が強いのである。

　ただし，この結果については注意が必要である。共有環境の影響が弱いから親の養育態度などはパーソナリティ形成に無関係である，というのは誤解であるといえる。親が同じ養育態度でもとらえ方が異なり，親が厳しくしつけてもある子は反発し，ある子は従うことは当然ありうる。親が同じ育て方をしていても受け取り方が異なるといったように，共有環境のとらえ方がパーソナリティ形成に異なる影響を与えるため，共有環境の影響が弱くなると考えられるのである（太幡，2018）。

　これまでにパーソナリティ形成に影響を及ぼす環境要因には，①生まれた家庭の要因（親の年齢，教育歴，収入，父と母の関係など），②家族構成（構成員の人数，家族形態，きょうだいの人数，家族間の心理的距離など），③育児方法や育児態度（基本的生活習慣のしつけ，他者に対する態度や感情表出のしつけなど），④友人関係・学校関係（友人の数，友人関係の質，集団内の地位など），⑤文化的・社会的要因（その社会の生活様式，宗教，政治形態，歴史，性役割観など）が挙げられている（詫摩，1990）。そして，環境要因では，**物理的環境**よりも**心理社会的環境**がパーソナリティ形成に大きな影響を及ぼすことが指摘されている。つまり，どのような家に生まれたのか，どのような集団や社会に所属しているのかも重要であるが，その環境が個人にとってどのようにとらえられているかがパーソナリティ形成にとって重要なのである。

3-3　自己形成の要因

　パーソナリティの形成には，自己形成の要因もかかわってくる。自己形成の要因とは，本人の意志で自らのパーソナリティを一定の方向に意欲的，能動的に形成していこうとすることである。わかりやすくいえば，なりたい自分になろうとすることである。たとえば，シャイな若者が環境が変わったことで自らを変えようとして一念発起して，多くの人に話しかけ社交的になろうと努力し，結果として周囲から社交的な人と認識され，それにともない本人も変わってい

くというのはこの自己形成の要因のわかりやすい例である。

　このように行動パターンを変えると印象が変わる。それらしく振舞っていくことで自分が変わることもある。重役になれば重役らしく振舞う，教師になれば教師らしく振舞うといったように「立場が人をつくる」のである。ただし，パーソナリティを無理に変える必要がない場合もある。たとえば，シャイであることがよいことも人生の中にはあり，みなが同じように社交的である必要もない。ただ，自分のパーソナリティを変えたいという強い意志をもって自分で行動パターンを変えていけば，変えることができるということは知っておく必要がある。

3-4　一回性の要因

　一回性の要因もパーソナリティ形成に影響を及ぼす。一回性の要因は広い意味では環境要因といえるが，一般的な環境要因のように持続的に影響を与えるものではなく，一度だけの偶発的な出来事の経験がパーソナリティ形成に大きな影響を与えるのである。たとえば，人との出会い，本との出合いなどで大きな感動があった際に，自分のパーソナリティに大きな影響を及ぼすことがある。ただし，ポジティブな影響を与えることもあるが，ネガティブな影響を与えることもある。こうした一度だけの偶発的な出来事の経験は，同じ経験をしても，ある人には影響を及ぼすが，別の人には影響を及ぼさないものである。一度だけの偶発的な出来事の経験をどのようにとらえるかはその人次第なのである。

❖考えてみよう

　自分のパーソナリティについて周囲の人に聞いてみよう。自分の思う自分のパーソナリティと相手の思う自分のパーソナリティの何が違うのかを考えてみよう。また，自分のパーソナリティが形成されるうえで，内的要因，外的要因，自己形成の要因，一回性の要因の何が今の特徴に結びついているのか，考えてみよう。

もっと深く，広く学びたい人への文献紹介

鈴木 公啓・荒川 歩・太幡 直也・友野 隆成（2018）．パーソナリティ心理学入門――ストーリーとトピックで学ぶ心の個性―― ナカニシヤ出版
　　☞四人の登場人物の会話によるストーリーと用語の説明のトピックで構成された初学者向けの入門書。
サトウ タツヤ・渡邊 芳之（2005）．「モード性格」論――心理学のかしこい使い方―― 紀伊國屋書店
　　☞性格という概念を通して，多面的なものの見方を提示し，心理学のかしこい使い方までを学べるわかりやすい専門書。
小塩 真司（2011）．性格を科学する心理学のはなし――血液型性格判断に別れを告げよう―― 新曜社
　　☞日常生活で抱く性格に関する疑問について考えていき，パーソナリティ心理学の最新の研究の知見も学べる良書。

引用文献

荒川 歩（2012）．パーソナリティとその概念および歴史 鈴木 公啓（編） パーソナリティ心理学概論――性格理解への扉――（pp. 1-10） ナカニシヤ出版

Costa, P. T., Jr., & McCrae, R. R. (1992). *The NEO-PI-R Professional manual: Revised NEO Personality Inventory* (*NEO-PI-R*) *and NEO Five-Factor Inventory* (*NEO-FFI*). Odessa, FL: Psychological Assessment Resources.

Endler, N. S., & Magnusson, D. (1976). Towards an interactional psychology of personality. *Psychological Bulletin, 83,* 956-974.

Kretschmer, E. (1921). *Körperbau und Charakter: Untersuchungen zum Konstitutionsproblem und zur Lehre von den Temperamenten.* Berlin: Springer.
　　（クレッチマー，E. 斎藤 良象（訳）（1944）．体格と性格 肇書房）

Kretschmer, E. (1955). *Körperbau und charakter.*
　　（クレッチメル，E. 相場 均（訳）（1960）．体格と性格――体質の問題および気質の学説によせる研究―― 文光堂）

Mischel, W. (1968). *Personality and assessment.* New York: Wiley.
　　（ミッシェル，W. 詫摩 武俊（監訳）（1992）．パーソナリティの理論――状況主義的アプローチ―― 誠信書房）

小塩 真司・阿部 晋吾・カトローニ ピノ（2012）．日本語版 Ten Item Personality Inventory（TIPI-J）作成の試み パーソナリティ研究, *21,* 40-52.

サトウ タツヤ・渡邊 芳之（2011）．あなたはなぜ変われないのか──性格は「モード」で変わる　心理学のかしこい使い方──　ちくま文庫

太幡 直也（2018）．単変量遺伝分析　鈴木 公啓・荒川 歩・太幡 直也・友野 隆成　パーソナリティ心理学入門──ストーリーとトピックで学ぶ心の個性──（pp. 61-62）　ナカニシヤ出版

詫摩 武俊（1990）．性格の発達　詫摩 武俊・瀧本 孝雄・鈴木 乙史・松井 豊（編）　性格心理学への招待──自分を知り他者を理解するために──（pp. 76-89）　サイエンス社

第8章　社会と人間行動
──社会，集団，文化の中での人間について考える

樋 口 匡 貴

　問題行動を繰り返す個人。不適応感を訴える個人。他者のためにいろいろなことをする個人。それぞれの個人は，なぜそのようなことをしたり，そのような状態であるのだろうか。悪い人だから？　弱い人だから？　いい人だから？　社会心理学は人間の行動を個人と環境の関数として理解する学問である。すなわち，ある行動や状態に及ぼす環境の影響を重視する。私たちが他者を見るとき，この視点は必ずもっておく必要があるだろう。

1　社会の中での人間行動をとらえる考え方

　朝起きて家族に挨拶をする。スマートフォンなどで遠くの誰かに挨拶をする人もいるだろう。それから電車に乗り大学に向かう。大学で出会った友人や先生に挨拶をして，授業に出席をする。大学の中では多くの人と何らかの形でかかわりながら一日を過ごしていく。もちろん一人で昼食を食べる人もいるだろう。しかしその場合も周りには多くの人がいるはずだ。

　我々人間の行動の多くが，社会の中で行われていることを疑う人は少ないだろう。こういった社会的行動は社会心理学の研究対象であった。それではこの社会的行動は何によって生じるのだろうか。20世紀半ばにレヴィン（Lewin, 1956）が**場の理論**を提唱し，社会的行動に及ぼす環境の影響を主張した。人間の社会的行動は，行動主体である個人だけによって決定されるのではなく，個

$$B=f(P,\ E)$$

図 8-1　レヴィンの場の理論
（注）B：行動（behavior），P：個人（person），E：環境（environment）

人を取り囲む状況全体をも合わせた総体によって決定されるという考え方である（図 8-1）。現代社会心理学はこの発想にもとづいているといえるだろう。

　人間の社会的行動はじつに多種多様である。本章では，その多様な社会的行動を大きく 3 領域に分けて解説を行う。まず，他者とのかかわりの中で生じる行動やそこでの心の過程がある。こういった領域に関しては，①対人関係における人の意識および行動として紹介する。次に社会の中に人がおかれた場合，社会や他者のことをどのように把握し，どのように考えるのかという問題がある。これを②個人内過程として取り扱う。そして最後に，集団や文化のような大きな存在について③集団および文化が個人に及ぼす影響として紹介する。

2　対人関係における意識と行動

2-1　コミュニケーションと人間関係

　我々は他者と**コミュニケーション**をとる。このコミュニケーションは情報の伝達過程として理解することができる。その構成要素を(1)メッセージの送り手，(2)メッセージそのもの，(3)メッセージが伝達されるチャンネル（聴覚，視覚など），(4)メッセージの受け手，という形に分解することで，各要素を検討することが可能となった（たとえば Petty & Wegener, 1998）。

　コミュニケーション研究の例として，他者の態度や行動の変容を目的とした**説得的コミュニケーション**に関する研究がある。説得的コミュニケーションは論拠と対処行動の勧告から構成されるが，たとえば「たばこの害は怖い」といった形で恐怖を喚起し適切な対処行動（タバコを止めるなど）を取らせようとする恐怖アピールの研究などがある（Janis & Feshbach, 1953）。恐怖アピールの最近の研究では，対処行動を実行できると考える自己効力感および対処行動に

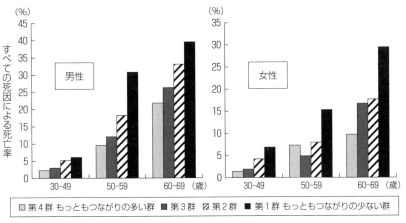

図 8-2 社会的関係と死亡率との関連

（出所）Berkman & Syme（1979）

効果があるとみなす効力認知の両者がある場合に限り，恐怖アピールが有効であることが示されている（Sheeran, Harris, & Epton, 2014）。

　こうしたコミュニケーションを通じて私たちは人間関係を構築するが，その人間関係は何をもたらすのだろうか。バークマンとサイム（Berkman & Syme, 1979）は，成人男女約4,700名を対象として，社会的集団とのかかわりと死亡率との関連を検討した。その結果，地域の人々との交流や教会のイベントへの参加など，様々な社会的なかかわりの程度と死亡率とに関係があることが示された（図 8-2）。

　このような死亡率への影響は，人間関係の中に含まれた**ソーシャル・サポート**によると考えられている。ソーシャル・サポートとは，特定個人が特定時点で，関係を有している他者から得ている有形無形の援助である。

2-2　社会からの影響

　他者との人間関係をもつことは，他者から様々な影響を受けることでもある。アッシュは線分判断課題を用いて，同調行動に関する実験を行っている（Asch, 1951）。図 8-3 のような課題を複数名の小集団で実施させたが，本当の

課題：A〜Cの3本の線のうち, Xと同じ長さのものはどれですか？

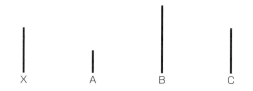

図8-3　アッシュによる同調課題の例
（出所）Asch（1951）

実験参加者は1名，他の参加者は全員アッシュの依頼を受けたサクラ（実験協力者）であった。そしてサクラは回答を求められた際，一様に「Xと同じ長さの線分はAです」といった形で明らかな誤答をした。その結果，本当の実験参加者の判断のうち全体の32％もの判断で，サクラの誤答に合わせた回答をしてしまったのである。このように個人あるいは一群の人々から現実の圧力ないしは想像上の圧力を受けた結果，人の行動や意見が変化することを**同調**という。

　こういった社会的影響は人間の様々な行動において観察することができる。たとえば道端で空を見上げている人物が多くいた場合，つい同じように空を見上げることもある（Milgram, Bickman, & Berkowitz, 1969）。また権威ある人からの命令で，ある種の反社会的な行動をとることもある（Milgram, 1974）。私たち人間の行動は，こういった社会的影響によって強く左右されていることを忘れてはならない。人間は自分自身の行動を自分自身ですべてコントロールできるわけではなく，他者も含めた環境による影響を強く受けているのである。

3　個人内過程

3-1　社会的認知

　私たちは，自らを取りまく「社会」がどのようなものかを理解し，様々な推論や判断を行う。これを**社会的認知**と呼ぶ。その取りまく「社会」の一つである他者について，人間はどのようなものの見方をするのだろうか。**印象形成**の

研究を行ったアッシュ（Asch, 1946）は，他者の印象は，まず中心的な特性によって全体的な枠組みが構成され，その枠組みによってそのほかの個々の要素が解釈されることでできあがると考えた。実際に，ある人物についての紹介文のうち1か所だけを「冷たい」とするか「温かい」とするかを変化させた結果，その人物の印象が大きく変わることが確認されている（Kelly, 1950）。つまり，「冷たい―温かい」という中心的な特性によってその人物の印象の全体像がつくりあげられ，それにもとづいて人物の細かい特性が推測されたのである。

　一般的に，印象とは相手の情報によって決まると考えられることが多いだろう。しかし，自分の知識によっても左右される。男らしさ，女らしさといった表現を誰しも聞いたことがあるだろう。ある男性が"男らしさ"とはかけ離れているとされる行動をしていたら，その男性に対してどのような印象を抱くだろうか。ネガティブな印象になるだろうか。ここでの印象は，その男性がどのような人物なのかのみによっては決まっていないことがわかる。そうではなく，印象をつくる側のいわば思い込み（男性とはどうあるべきか！）によって大きく印象が左右されている。こういった思い込みの一つが**ステレオタイプ**である。

　ステレオタイプとは，あるカテゴリーに属する人がもつ可能性の高い特徴に関する信念のことである。たとえば男性はリーダーシップがある，女性は気配り上手などといったような思い込みである。もちろんこの思い込みはそのカテゴリーの特徴を正確に把握している場合もあれば間違っている場合もある。そしてポジティブな内容の場合もあればネガティブな内容の場合もある。

　このステレオタイプは集団の特徴に関する信念であるが，これが個人に対して当てはめられた際（**ステレオタイプ化**），大きな問題が発生する。ダーリーとグロス（Darley & Gross, 1983）は，ビデオ映像からある少女の学力を推定させる実験を行った。実験では，その少女について高い学力に関連するステレオタイプ（裕福な家庭）あるいは低い学力に関連するステレオタイプ（貧困家庭）のいずれかを喚起させたが，それだけでは少女の学力推定に差はみられなかった。これらのステレオタイプ喚起に加えて，実際に少女が学力試験を受けている様子の映像を見せた場合にのみ，ステレオタイプの内容に沿う形で学力推定の値

に差が出た。すなわち，喚起したステレオタイプを実際に個人にあてはめる機会があった場合に，そのステレオタイプの影響が大きく現れたのである。

　ステレオタイプを個人に対して適用するこのステレオタイプ化の問題は，現代社会における重要な問題と関係する。この人物は男性だからリーダーとしてうまくやれるだろう，この人物は女性だからリーダーではなく副リーダーがよいだろう，この人物はユダヤ人だから…。ステレオタイプは**偏見**や**差別**といった問題と大きくかかわっていることを忘れてはならない。

3-2　態度と認知的一貫性

　私たちは他者に対してだけではなく，それ以外の様々な物事についても好き，嫌いといった様々な意識をもつ。この特定の対象に対する評価を**態度**と呼ぶ。この態度の形成においては，**認知的一貫性**と呼ばれる概念が重要な役割を果たしている。態度対象をめぐる様々な認知要素が相互に矛盾しないように態度は形づくられると考える考え方である。

　この認知的一貫性を重視した発想に**認知的不協和理論**がある（Festinger & Carlsmith, 1959）。この理論では，ある態度対象に対する様々な認知や行動の間に生じる矛盾や食い違いを不協和と呼び，この不協和状態は不快な緊張状態であるため，それを解消するように動機づけられるというものである。

　フェスティンガー（Festinger, L.）らはこの理論を確かめるための実験を行った。実験参加者は非常に退屈な実験課題に従事した後，別の実験参加者（サクラ）に対して「課題は面白かった」と伝えるように依頼された。その報酬として20ドルまたは1ドルをもらう条件が設定された。その結果，1ドルしかもらえなかった人々のほうが，課題をより面白かったと評価し，類似実験にも参加したいと回答していた。この結果は認知的不協和理論によってこのように説明できる。20ドルもらった参加者たちは「自分が面白かったなどと嘘をついたのは20ドルもらったからだ」と自分を納得させることができる。しかし1ドルしかもらえなかった参加者は，1ドルしかもらえなかったという事実と，退屈な課題について面白かったと他者に伝えたという事実とで不協和が生じることに

なる。それを解消するには「あの課題は本当は面白かったのだ。だからそれを面白かったと伝えるのは嘘ではなかった」と認知を変更するしかない。このようにして，1ドルしかもらえなかった人々は実験を面白いと評価し，類似実験にも参加しようと考えたのである。

　私たちが日常的に感じる好きや嫌いといった感情。こういったものも純粋に個人の中からだけ生まれるのではなく，周囲の様々なものの影響を受けていると考えることができるだろう。

4　集団および文化が個人に及ぼす影響

4-1　集団による影響

　我々は学校や職場，サークルや仲間，地域や家族などの様々な**集団**の中で日々の生活を送っている。何らかの集団に所属していない人はいないだろう。

　この集団の一員であることの影響には，たとえば**社会的促進**や**社会的抑制**がある。個人にとって十分に習熟した課題であれば，他者の存在によってパフォーマンスが促進され（**社会的促進**），一方で不慣れな課題であれば他者の存在によってパフォーマンスが抑制される（**社会的抑制**）。

　この社会的促進や社会的抑制は，実際に集団の中に個人がいる際に起こる現象の例である。しかし実際に集団の中に個人がいる場合でなくても，集団は個人に対して影響を及ぼす。「個人の中の集団」とでも呼ぶことができる**社会的アイデンティティ**による影響である。

　タジフェルら（Tajfel, Flament, Billig, & Bundy, 1971）は，実験参加者を2種類の抽象画のうちどちらが好みかといった非常に些細な基準で二つの集団に分割した。そして自分たちの集団（内集団）の成員ともう一つの集団（外集団）の成員に対して資源分配をさせた結果，自分たちの集団（内集団）の成員に対しては外集団成員よりも多く分配をした（**内集団ひいき**）。さらに，内集団成員の利益が少なくなるとしても，外集団成員の利益を内集団成員の利益よりも多くしないようにする傾向もあった（**外集団差別**）。何の利害関係も交流もない，た

だたんに線が引かれただけの集団であったにもかかわらず，である。

　この現象を説明する一つの理論が**社会的アイデンティティ理論**である（Tajfel & Turner, 1986）。この理論によると，個人が自身を集団の一員として位置づける（社会的アイデンティティ）ことによって，内集団と外集団との峻別が起こる。さらに内集団を肯定的に，外集団を否定的に評価するという過程が生じる。これによって個人はより自己に近い人々が優れているという意識となり，自尊心の獲得ができる。内集団を相対的によい状態にしておくための一つの手段として，内集団ひいきや外集団差別が起こるのである。

　この社会的アイデンティティによって起こる現象は，差別や大量虐殺，戦争といった集団対集団の様々な問題を説明することを可能とする。こうしたマクロな現実問題が「個人の中の集団」というミクロな現象によって説明できる点に，この研究領域の面白さがあるといえるだろう。

4-2　文化による影響

　文化による人間の心と行動への影響も大きい。マスダらは，横に並んだ5名の人物が描かれた複数枚の図版を参加者に見せ，中央の人物の感情を推定させる実験を日本とアメリカとで行った（Masuda et al., 2008）。図版内での中央の人物はつねに同じ表情をしているが，それに対して周囲の4名の表情は様々に変化していた。実験の結果，アメリカ人は周囲の人物の表情によって中央の人物の感情推定にそれほど違いが表れなかったが，日本人は周囲の人物の表情によって中央の人物の感情推定が大きく左右されていた。すなわち，周辺的な情報による影響がアメリカ人よりも日本人の方が大きいことが示された。

　文化による行動の違いはなぜ生まれるのであろうか。ニスベット（Nisbett, R. E.）とコーエン（Cohen, D.）（2009）による興味深い考察がある。彼らはアメリカの白人男性を対象として，侮辱への反応を検討する実験を行った。北部出身者と南部出身者とを比較したところ，侮辱に対して南部出身者の方がよりストレスを感じ，かつ攻撃反応が高まることが示された（Cohen, Nisbett, Bowdle, & Schwarz, 1996）。この結果は「名誉の文化」という概念によって説明される。

すなわちアメリカ南部の白人社会は牧畜文化である。広大な土地での牧畜は盗難リスクがつきもの。しかし強い男であるという評判（＝名誉）を獲得しておけば，家畜を盗まれる危険性を減少させることができる。つまり侮辱に対して激烈な反応をすることは，アメリカ南部の白人社会にとっては非常に重要な適応的意味をもつのである。

　文化と人間行動に関する研究は，比較的最近に始まった新しい分野である。今後，行動の適応的機能や，さらに脳や神経の働きとの関係，遺伝とのかかわりなども含め，様々なことがさらに明らかにされていくだろう。

5　社会心理学の未来

5-1　応用・発展領域

　心理学は文字通り，心の理（ことわり）を探求する学問である。心理学の一領域である社会心理学は，社会の中での人間行動について，その原因やメカニズム，さらにその帰結に至るまで，まさに理を明らかにしようと試みてきたといえるだろう。しかし物理学にその応用・発展領域としての工学があるように，社会心理学についてもまたその応用・発展の試みが行われている。

　たとえば犯罪の発生抑止について，**割れ窓理論**（Kelling & Coles, 1997）という社会心理学的理論が応用されている。割れた窓ガラスが放置されているような場所では地域住民の縄張り意識や犯罪への当事者意識が低いと想定されやすい。そのためこうした場所では犯罪が多発すると考える理論である。この理論を踏まえると，地域住民の縄張り意識・当事者意識を高めるような活動が犯罪の発生抑止には重要であると考えることができる。

　また健康や環境の問題についても社会心理学の様々な知見の応用が試みられている。これらはいずれも「○○という行動をとるべきだ」「××という行動をやめよう」といった行動変容に関連する。態度に関する理論の一つである**計画的行動理論**（Ajzen, 1985）を応用した違法薬物利用防止の試み（Mcmillan & Conner, 2003）や，認知的不協和理論を応用した節水行動促進の試み

（Dickerson, Thibodeau, Aronson, & Miller, 1992）など様々である。

5-2　再現可能性問題と心理学徒としてのあり方

　近年，社会心理学を含めた心理学全体において一つの重要な問題が指摘されている。**再現可能性**問題である。心理学が伝統的に用いてきた帰無仮説検定という手法，統計的に有意なデータのほうが公開・出版されやすいという**出版バイアス**，さらにそれにともなう **QRPs**（questionable research practices：疑わしい研究実践。不当に統計的有意性を得ようとする p-hacking 等）など様々な理由によって，数多くの研究結果が再現されないという事態が起こっている（たとえば Klein et al., 2018）。

　こうした問題を踏まえた場合，現時点で科学的知見の産出者である研究者たちがとるべき行動は，再現可能性を検証できるやり方での科学の実践であり，同時に再現性の確認作業の継続である。これによってより確かな科学的知見の蓄積が可能になっていくだろう。一方，科学的知見を利用する人たちがとるべきなのは，ひょっとすると目の前の研究知見は間違っているかもしれないという批判的思考をつねにもちつづけることである。少なくとも本書出版の時点において，社会心理学における様々な知見が誤っている可能性は捨てきれない。それを踏まえ，何がより適切な手法で得られたより適切な知識であるのかを見極めることができるための知識が重要となる。ここにこそ，心理学の研究手法を身につけることの必要性が存在する。そしてこの姿勢こそが，今後の心理学の専門家にとって必須の技能であろう。

❖考えてみよう

　本章の冒頭に投げかけた問いを再度繰り返す。問題行動を繰り返す個人。不適応感を訴える個人。他者のためにいろいろなことをする個人。様々な個人がいるだろう。その個人がそのような行動をするのはなぜだろうか。その個人がそのような状態にあるのはなぜだろうか。その答えを個人に帰属させるのではなく，どのような環境的影響が存在するのか，考えてみてほしい。

もっと深く，広く学びたい人への文献紹介

アロンソン，E. 岡 隆（訳）（2011）．ザ・ソーシャル・アニマル 第11版 サイエンス社

☞社会の中で行われる様々な人間行動について，社会心理学の実験の詳細を交えながら解説した名著。

スミス，J. R.・ハスラム，S. A. 樋口 匡貴・藤島 喜嗣（監訳）（2017）．社会心理学・再入門 新曜社

☞古典と呼ぶことのできる12の社会心理学研究を取り上げ，その研究が行われた背景やその研究の詳細，さらにはその研究のその後についても詳細に解説した本。再現可能性問題について考えるためにもおすすめ。

引用文献

Ajzen, I. (1985). From Intentions to Actions: A Theory of Planned Behavior. In J. Kuhl & J. Beckmann (Eds.), *Action control. SSSP Springer Series in Social Psychology* (pp. 11-39). Berlin: Springer.

Asch, S. E. (1946). Forming impressions of personality. *Journal of Abnormal and Social Psychology, 41*, 258-290.

Asch, S. E. (1951). Effects of group pressure upon the modification and distortion of judgment. In H. Guetzkow (Ed.), *Groups, leadership and men* (pp. 177-190). Pittsburgh, PA: Carnegie Press.

Berkman, L. F., & Syme, S. L. (1979). Social networks, host resistance, and mortality: A nine-year follow-up study of Alameda County residents. *American Journal of Epidemiology, 109*, 186-204.

Cohen, D., Nisbett, R. E., Bowdle, B. F., & Schwarz, N. (1996). Insult, aggression, and the Southern culture of honor: An "experimental ethnography." *Journal of Personality and Social Psychology, 70*, 945-960.

Darley, J. M., & Gross, P. H. (1983). A hypothesis-confirming bias in labeling effects. *Journal of Personality and Social Psychology, 44*, 20-33.

Dickerson, C. A., Thibodeau, R., Aronson, E., & Miller, D. (1992). Using cognitive dissonance to encourage water conservation. *Journal of Applied Social Psychology, 22*, 841-854.

Festinger, L., & Carlsmith, J. M. (1959). Cognitive consequences of forced compliance. *Journal of Abnormal and Social Psychology, 58*, 203-210.

Janis, I. L., & Feshbach, S. (1953). Effects of fear-arousing communications. *Journal of Abnormal and Social Psychology, 48*, 78-92.

Kelling, G. L., & Coles, C. M. (1997). *Fixing broken windows: Restoring order and reducing crime in our communities*. New York: Simon & Schuster.

Kelly, H. H. (1950). The warm-cold variable in first impressions of persons. *Journal of Personality, 18,* 431-439.

Klein, R. A., Vianello, M., Hasselman, F., Adams, B. G., Adams, R. B., Alper, S., … Nosek, B. A. (2018). Many Labs 2: Investigating variation in replicability across samples and settings. *Advances in Methods and Practices in Psychological Science, 1,* 443-490.

レヴィン, K. 猪股 佐登留 (訳) (1956). 社会科学における場の理論 誠信書房

Milgram, S. (1974). *Obedience to authority.* NY: Harper and Row.

Milgram, S., Bickman, L., & Berkowitz, L. (1969). Note on the drawing power of crowds of different size. *Journal of personality and social psychology, 13,* 79-82.

Mcmillan, B., & Conner, M. T. (2003). Applying an extended version of the theory of planned behavior to illicit drug use among students. *Journal of Applied Social Psychology, 33,* 1662-1683.

Masuda, T., Ellsworth, P. C., Mesquita, B., Leu, J., Tanida, S., & van de Veerdonk, E. (2008). Placing the face in context: Cultural differences in the perception of facial emotion. *Journal of Personality and Social Psychology, 94,* 365-381.

ニスベット, R. E.・コーエン, D. 石井 敬子・結城 雅樹 (訳) (2009). 名誉と暴力 北大路書房

Petty, R. E., & Wegener, D. T. (1998). Attitude change: Multiple roles for persuasion variables. In D. T. Gilbert, S. T. Fiske & G. Lindzey (Eds.), *The handbook of social psychology* (Vol. 1. 4th ed., pp. 323-390). Boston, MA: McGraw-Hill.

Sheeran, P., Harris, P. R., & Epton, T. (2014). Does heightening risk appraisals change people's intentions and behavior? A meta-analysis of experimental studies. *Psychological bulletin, 140,* 511-543.

Tajfel, H., Flament, C., Billig, M. G., & Bundy, R. P. (1971). Social categorization and intergroup behavior. *European Journal of Social Psychology, 1,* 149-178.

Tajfel, H., & Turner, J. C. (1986). The social identity theory of intergroup behavior. In S. Worchel & W. G. Austin (Eds.), *Psychology of intergroup relations* (2nd ed., pp. 7-24). Chicago: Nelson-Hall.

第Ⅱ部

心理学の応用と
公認心理師が活躍する現場

第⑨章　教育と学校
——学習と心理適応を支える

大 谷 和 大

　本章では，学校における児童・生徒の学習や適応について解説する。日本において，小学校と中学校は義務教育であり全ての子どもが教育サービスの対象となる。スクールカウンセラーの需要も高く，公認心理師は学校や学級に対するコンサルタントとして，あるいは個別の課題の解決に向けた直接的な対応など様々な形で児童・生徒とかかわることになるであろう。そうした中で，学習の理論や適応について教育心理学，あるいは学校心理学の基礎的な知識を身につけることは重要である。

1　学校における学習

　児童・生徒の学習について知るためには，そもそも勉強をしようと思うことと，勉強をしはじめてからのプロセスについて考える必要がある。心理学では前者を動機づけと呼び，後者を認知活動と呼んで研究を進めてきた。ここでもそれぞれに分けてみていく。

1-1　動機づけ

内発的動機づけ

　動機づけは，行動の背後にある心理的なエネルギーであり，児童・生徒の学習の質を考えるうえで重要である。とくに，内発的動機づけは，学習すること自体が報酬となっている状態をさす。いわば，興味や楽しみの感覚を源泉とし

た動機づけである。なお外発的動機づけは、行動する理由が自分の外部からの働きかけによる動機づけをさす。デシ（Deci, 1971）は、報酬が内発的動機づけを低下させるのではないのかと考え合計三つのセッションからなる実験を行った。参加者は実験群（報酬の約束あり）と統制群（報酬の約束なし）に振り分けられ、各セッションにおいてパズル課題に取り組んだ。第一セッションでは、両群とも普通に課題に取り組み、第二セッションの前、実験群の参加者は課題が解けるごとに1ドル報酬を受けることを約束され、終了後に報酬を受けた。ところが第三セッションの前では、実験群は報酬が支払われない旨を告げられた。なお、各セッションともその合間に、実験者が退席する自由時間が設けられた。じつは、この時間の参加者の行動が観察されており、パズルに自発的に取り組んだ時間が「内発的動機づけ」の指標とされた。

　その結果、実験群は第一セッションに比べ、第二セッションでは、内発的動機づけが増えたが、報酬が与えられないと分かると第三セッションでの内発的動機づけが第一セッションよりも低下した。一方、統制群では第一とその他のセッション間で差はほとんど無かった。このことは、報酬が内発的動機づけを阻害することを示している（「アンダーマイニング効果」と呼ばれる）。なお後の実験から、報酬そのものより、報酬を期待することのほうが内発的動機づけを阻害することが示されている（Greene & Lepper, 1974）。

原因帰属

　教育現場において、児童・生徒（教師も）は様々な失敗に直面する。失敗はときとして様々なネガティブな影響をもたらすことがある。原因帰属理論によると、失敗の原因をどこに帰属するかで後の取り組みが変わる。ワイナーら（Weiner et al., 1972）は失敗の原因帰属について、統制の位置と安定性から四つのタイプに分類した。統制の位置は、その帰属因が自己の内側にあるか外側にあるかをさす。安定性は、その帰属因が安定したものか否かをさす。

表9-1　原因帰属のモデル

安定性＼統制の位置		統制の位置	
		内的	外的
安定性	固定的	能力	課題の難易度
	変動的	努力	運

（出所）Weiner et al.（1972）をもとに作成

☕コラム　創造的問題解決とは ‹‹‹‹‹‹‹‹‹‹‹‹‹‹‹‹‹‹‹‹‹‹‹‹‹‹‹‹‹‹‹‹‹‹‹‹‹

　学校の学習では答えのある問題に取り組むことが多い。そもそも答えがないと点数がつけにくいということもあるだろう。一方，日常社会では，答えのない（答えが一つとは限らない）問題に取り組むことがほとんどである。なお，答えが決まっている問題は「良定義問題」，答えが一つとは限らない問題は「悪定義問題」と呼ばれる。こうした問題に取り組むためには，柔軟な発想（創造的問題解決）が必要である。創造的な思考を刺激するために，以下のロウソク問題（Dunker, 1945）について考えてみよう。

> 以下のもの（図9-1）を使い，床に垂直になるように壁にろうそくを取り付けて，火を灯しなさい。机や床に直接置くことは禁ずる。

　答えは，押しピンの箱（あるいはマッチの箱）をろうそくを置く台にして，押しピンを使い壁に固定するというものである。押しピンやマッチの箱は通常このような使い方をしないので，限られた時間の中で思いつくのはやや難しいかもしれない。

　このように，物の用途について固定的な考え方をすることを「**機能的固着**」と呼ぶ。機能的固着は創造的問題解決を妨げる要因として挙げられる。

図 9-1　マッチ問題
（出所）Dunker（1945）をもとに作図

‹‹

　表9-1には，代表的な帰属因を記した。たとえば，内的で安定した（固定的）帰属因には，能力が挙げられるが，失敗の原因を能力に帰属した場合，その個人は無力感を感じることになる。なお，努力は個人を失敗から守る主な帰属因とされてきた（「努力すれば次回は失敗しない」と思える）が，すでに努力している子どもに努力不足を強調することは，心理的に追い詰めることになりかねない。こうした場合，たとえば，同じ内的で不安定（変動的）な要因でも，やり方（勉強方法）などに帰属させることがよいと考えられる。

　知能観（マインドセット）

　ドウェックは，個人が知能について増大可能なものととらえるか否か（知能観またはマインドセットと呼ばれる）が当人の動機づけや成績，心理適応に大き

な影響を及ぼすことを指摘している（Dweck, 2006）。増大的知能観は知能が増大可能であるという信念を表し，固定的知能観は知能が固定的であるという信念である。増大的な知能観をもつ者ほど，失敗に対して打たれ強いことが示されている。したがって学級などの教育現場では，知能を含む能力は増大可能であるというメッセージを子どもに強調していくことが重要である。

1-2　学習を支える認知活動

自己調整学習

　小学校で2020年度から（中学校は翌年度から）全面実施される新学習指導要領において，「主体的・対話的で深い学びの実現に向けた授業改善」について言及されている（文部科学省, 2017）。こうした学習者の主体性に関する概念に，自己調整学習がある。自己調整学習とは，自分自身の学習プロセスにおいて**メタ認知**，動機づけ，行動の面で能動的にかかわる学習である。いいかえると，自分の学習状態を振り返りながら，課題を見つけて自ら学びつづける学習をさす。なお，メタ認知とは，高次の認知のことであり，メタ認知的知識とメタ認知的活動からとらえられる。メタ認知的知識は，人間一般や個人の認知特性についての知識（例：テレビを見ながら勉強をすると記憶が阻害される）である。メタ認知的活動には，学習中に自分の理解度などを監視するモニタリング，それに応じて解き方など方略を変えたり修正したりするコントロールなどがある。メタ認知は深い学習を進めるうえで重要であり，メタ認知を働かせられる者ほど成績が高いことが知られている（Dent & Koenka, 2016）。

自己調整学習の段階

　ジマーマン（Zimmerman, 2011）は，自己調整学習を予見段階，遂行段階，自己内省段階の三つの循環的なプロセスからとらえている（図9-2）。これらすべての段階でメタ認知や動機づけは重要な役割を果たす。予見段階において学習者は，学習に先立ち目標設定や用いる学習方略の選定を行う。それとともに，自身の動機づけ特性（例：自己効力感）が方略の選定や後の段階の自己調整に重要な役割を及ぼす。なお，**自己効力感**とは，課題をやり遂げることができる

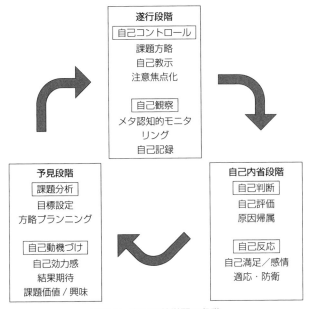

図 9-2　自己調整学習の段階
(出所) Zimmerman (2011) をもとに作成

という自身の能力に対する期待の感覚である (Bandura, 1986)。遂行段階は,
課題に取り組む最中の段階である。学習活動中に自身の認知状況や動機づけを
モニタリングし, 状況に応じて適切な方略を選択する。最後の自己内省段階は,
学習活動の後の段階であり, 課題の遂行に対する評価 (例：自己評価) や原因
帰属が行われる。その結果, 様々な感情が喚起される。こうした反応が後の学
習における予見段階に影響を及ぼすという, 循環的なサイクルが仮定されてい
る。まとめると, 自己調整学習とは, 学習者は何をどのように学習するのかの
見通しをたて (予見段階), それにもとづき学習し (遂行段階), 学習成果およ
び過程を振り返り (自己内省段階), その振り返りを次の学習に生かしていくと
いう過程である。

2　学校における心理社会的側面

　学校では児童・生徒同士，教師との人間関係が複雑に絡み合う。このような人間関係はもちろん，家庭内での問題，個人の発達の問題も，学校での心理的不適応として顕在化しやすい。児童・生徒（あるいは教師）の不適応を理解し予防するためには，学校の心理社会的側面に注意を向ける必要がある。

2-1　学校におけるメンタルヘルス関連の問題

不登校

　文部科学省によると，不登校とは「何らかの心理的，情緒的，身体的あるいは社会的要因・背景により，登校しないあるいはしたくともできない状況にあるために年間30日以上欠席した者のうち，病気や経済的な理由による者を除いたもの」と定義される。同省の「児童生徒の問題行動等・不登校調査」（文部科学省，2018）では，2017年度の不登校の小学生は3,503名，中学生は108,999名であり，それぞれの学校段階で全体に占める割合は順に，0.54％，3.25％である。2017年度の不登校者数は小学校，中学校ともに過去最高を記録している。

　不登校の原因については，本人の発達傾向や，精神衛生，家庭環境，学校での人間関係などが複雑に絡み合うと考えられる。また不登校のとらえられ方や対応は，歴史的に変遷している。現在では，どの子にも起こりうるものと考えられており，対策の幅を広げることが求められている（伊藤，2003）。2017年2月に，学校以外での学習の機会の確保について明記された「義務教育の段階における普通教育に相当する教育の機会の確保等に関する法律」という法律が施行され，第10条で特別な教育課程に基づく教育を行う学校の整備，第11条に学習支援を行う公立の教育施設の整備，第13条では，学校以外の場での学習活動等を行う不登校児童生徒に対する支援が強調されている。すなわち学校以外での場（教育支援センターやフリースクールなどの民間施設）を不登校児童生徒の学習の場として活用，支援することが述べられている。なおこうした場での活

動は出席日数として認められることがある。このように，児童生徒の将来的な社会的自立に向けて支援することが求められている。

学習性無力感

学校では抑うつや自尊心の低下など，児童生徒のメンタルヘルスの問題や，教師の抑うつや**バーンアウト**など教師のメンタルヘルスの問題が懸念されている（伊藤・宇佐美，2017；落合，2003）。セリグマンとメイヤー（Seligman & Maier, 1967）は，このような抑うつなどにかかわる無力感は学習されることを示した。実験では，犬をハーネスに固定し身動きが取れないようにしたうえで電気ショックを何度も浴びさせた。その後，ハーネスを取り外したうえで，別の部屋に移動させられ，電撃を回避する学習が行われた。しかし，これらの犬は電撃が回避できる状態になっても電撃を回避することを学習することはできず，多くはそのまま座りこみ電撃に耐えるだけであった。このことは学習性無力感と呼ばれ，人の場合でも犬と同じように，過去の経験から自分が何をしても状況を変えることができないと学習することで，抑うつが起こる場合があることが明らかにされている。

2-2　学級の環境

学校における不適応を予防するうえで学級経営は重要である。学級では，物理的環境を改善するとともに，心理的な環境を改善することが望ましい。良好な学級の心理的環境は児童生徒の心理適応および学業面にも恩恵があることはもちろん，教師のメンタルヘルスにもよい影響をもたらすことが示唆されている（Jennings & Greenberg, 2009）。これまでにも学級風土を測定・アセスメントする質問紙などをもとに，学級へのコンサルテーションが行われている。学級アセスメントのツールには，Q-U 学級満足度尺度（河村，2009）やアセス（栗原・井上，2010），学級風土質問紙（伊藤・宇佐美，2017）などが開発されている。

3　諸問題への介入

それでは，学習の問題，学校における心理社会的問題に対してどのような介入や支援が可能なのだろうか。以下にいくつか介入および支援の糸口を示す。

3-1　学習における問題への介入

学習におけるつまずきや，学習内容が定着しない学業不振には様々な背景があり，これまでにも多くの取り組みや介入研究が行われている。学業不振児とは，「当該学年に期待されている学力水準に未達成の児童・生徒」と定義される（三浦・中澤・渋谷・半田，1985）。従来は，動機づけがともなわないなど心理的な問題が主な要因と考えられてきたが，近年ではより広い要因からとらえられている。片桐（2014）は，学業不振の原因として(1)社会性や心理的な問題，(2)学習環境の問題，(3)個人の認知特性の三つの要因を挙げている。これらのうち，個人の認知特性は，発達障害などによって引き起こされるものである。学業不振の背景には何があるのかアセスメントにより見極めることが重要である。

動機づけへの介入

教育心理学領域では，動機づけの問題に対する介入研究が注目を集めている。代表的なものに，マインドセット介入（Paunesku et al., 2015），価値介入（Harackiewicz et al., 2016）がある。マインドセット介入とは，先述の知能観の理論（Dweck, 2006）にもとづく介入である。マインドセット介入では，教育プログラムにより，知能観を柔軟なもの（例：知能は伸ばすことができる）に変えるトレーニングを行う。価値介入では，自身に対する学習の価値を認知させることで，動機づけを高めることができる。具体的には，学習内容について自分自身に対する価値を想像させ作文させるというものである。ごく簡単な介入であるが効果が示されている。なお，両介入は社会的に不利益を負う子ども（低経済状況）に対して一定の効果があることが報告されている（Claro, Paunesku, & Dweck, 2016；Harackiewicz, Canning, Tibbetts, Priniski, & Hyde, 2016）。

適正処遇交互作用

　こうした介入には，効果の現れ方に個人差があり，適正処遇交互作用と呼ばれる（Cronbach, 1957）。たとえば，競争的な学級環境（例：他者よりよい成績が求められる）では，学習において競争的な目標をもつ生徒（例：周りの生徒よりもよい成績を取りたい）ほど，動機づけが高まるが，非競争的な教室環境では，このような個人がもつ競争的な目標の効果は現れないことなどが挙げられる（Murayama & Elliot, 2009）。したがって介入を行う際には，個人差にも注意することが必要である。

3-2　学校環境への介入・支援

3段階の心理教育的援助サービス

　心理教育的援助サービスとは，教師，保護者，スクールカウンセラー，スクールソーシャルワーカーなどが協同する多職種連携のチーム援助であり，子どもの問題状況の解決や危機状況への対応を援助し，子どもの成長を促進することをめざした教育活動である（石隈，1999）。心理教育的援助サービスには，三つの段階が想定されている（図9-3）。最初の段階は，すべての子どもを対象にする一次的援助サービスである。たとえば，学級づくりやわかりやすい授業づくりなどを通して，すべての子どもの適応と発達を促す，あるいは不適応を予防する取り組みである。二次的援助サービスは，一部の子どもを対象とする援助サービスである。たとえば，登校しぶり，学習意欲の低下など子どもの問題状況を早期に発見し援助する，予防的な援助サービスである。三次的援助サービスは，不登校，いじめ，非行，虐待などの特別なニーズをもつ子どもを対象とした援助サービスで

図9-3　3段階の心理教育的援助サービス
（出所）石隈（2012）

ある。個別のケースについて的確なアセスメントを行い，多職種連携のチームを編成し問題の解決にあたるとされている（石隈，2012）。

チーム学校

　現在，学校現場における問題の多様化，複雑化に対応するにあたり，中央教育審議会（2015）からチーム学校に関する答申が出された。チーム学校では，問題解決に教員一人で対応するのではなく，校長のリーダーシップの下，学校に関係する様々なリソースを活用しながらチームで当該の問題に対応する。

　チーム学校を実現していくために，以下の三つの柱が据えられている。(1)専門性に基づくチーム体制の構築，(2)学校のマネジメント機能の強化，(3)教職員一人一人が力を発揮できる環境の整備。(1)は，学校の教員に加え，スクールカウンセラーなどの専門的職員，さらに地域の住民などを含む体制の構築をさす。そこでは，心理職は多職種連携のハブとしての役割が期待される。(2)では，教頭・副校長など管理職のマネジメント機能を強化することが求められる。(3)は主に学校の業務環境の整備や人材育成についてである。こうした点に注力しながら，チーム学校として学校の問題に取り組む必要がある。

❖**考えてみよう**

　学校では児童生徒は学習内容だけでなく集団生活を通じて社会性を身につけることが求められる。こうした学習面と社会面は学校生活の中で独立した側面のようにも見えるが，じつは密接に結びついていることが指摘されている。両者はどのように関連しているだろうか。また，近年の学校における問題は多様化・複雑化している。こうした問題を予防し，対応するには何ができるだろうか。

もっと深く，広く学びたい人への文献紹介

　外山　美樹（2011）．行動を起こし，持続する力——モチベーションの心理学——　新曜社
　　　☞動機づけについての網羅的な一冊。具体的な研究の詳細な解説が平易な文体で読みやすく書かれている。
　本間　友巳（2012）．学校臨床——子どもをめぐる課題への視座と対応——　図書文化
　　　☞学校現場における様々な問題について幅広く扱っている。問題の定義から

その支援についても事例を挙げながら解説されており，学校臨床について総合的な理解を促す一冊である。

引用文献

Bandura, A.（1986）. *Social foundations of thought and action: A social cognitive theory*. Englewood Cliffs, NJ: Prentice-Hall.

中央教育審議会（2015）．チームとしての学校のあり方と今後の改善方策について（答申）

Claro, S., Paunesku, D., & Dweck, C. S.（2016）. Growth mindset tempers the effects of poverty on academic achievement. *PNAS, 113*(31), 8664-8668.

Cronbach, L. J.（1957）. The two disciplines of scientific psychology. *American Psychologist, 12*, 671-684.

Deci, E. L.（1971）. Effects of externally mediated rewards on intrinsic motivation. *Journal of Personality and Social Psychology, 18*, 105-115.

Dent, A. L., & Koenka, A. C.（2016）. The relation between self-regulated learning and academic achievement across childhood and adolescence: A meta-analysis. *Educational Psychology Review, 28*, 425-474.

Dunker, K.（1945）. On problem-solving. *Psychological Monograph, 58*, No. 270.

Dweck, C. S.（2006）. *Mindset: The new psychology of success*. New York: Random House.

Greene, D., & Lepper, M. R.（1974）. Effects of extrinsic rewards on children's subsequent intrinsic interest. *Child Development, 45*, 1141-1145.

Harackiewicz, J. M., Canning, E. A., Tibbetts, Y., Priniski, S. J., Hyde, J. S.（2016）. Closing achievement gaps with a utility-value intervention: Disentangling race and social class. *Journal of Personality and Social Psychology, 111*, 745-765.

石隈　利紀（1999）．学校心理学——教師・スクールカウンセラー・保護者のチームによる心理教育的援助サービス——　誠信書房

石隈　利紀（2012）．学校心理学とそれを支える心理学的基礎　学校心理士資格認定委員会（編）　学校心理学ハンドブック　第3版　風間書房

伊藤　亜矢子・宇佐美　慧（2017）．新版中学生用学級風土尺度（Classroom Climate Inventory；CCI）の作成，*65*，91-105.

伊藤　美奈子（2003）．不登校　下山　晴彦（編）　よくわかる臨床心理学　ミネルヴァ書房

Jennings, P. A., & Greenberg, M. T.（2009）. The prosocial classroom: Teacher social and emotional competence in relation to student and classroom outcomes. *Review of Educational Research, 79*, 491-525.

片桐　正敏（2014）．学校で取り組める学業不振や理解のためのアセスメントと方向付け　臨床心理学, *14*, 530-535.

河村　茂雄（2009）．日本の学級集団と学級経営　図書文化

栗原　慎二・井上　弥（2010）．アセス〈学級全体と児童生徒個人のアセスメントソフト〉の使い方・活かし方　ほんの森出版

文部科学省（2017）．小学校学習指導要領（平成29年告示）

文部科学省（2018）．平成29年度児童生徒の問題行動・不登校等生徒指導上の諸課題に関する調査結果について　http://www.mext.go.jp/b_menu/houdou/30/10/1410392.htm（2019年4月18日閲覧）

三浦　香苗・中澤　潤・渋谷　美枝子・半田　康（1985）．学業不振児に関する教育心理学的研究-1-学業不振児の定義に関連させて　千葉大学教育学部紀要, *34*, 19-27.

Murayama, K., & Elliot, A. J.（2009）. The joint influence of personal achievement goals and classroom goal structures on achievement-relevant outcomes. *Journal of Educational Psychology*, *101*, 432-447.

落合　美貴子（2003）．教師バーンアウト研究の展望　教育心理学研究, *51*, 351-364.

Paunesku, D., Walton, G. M., Romero, C., Smith, E. N., Yeager, D. S., & Dweck, C. S.（2015）. Mind-set interventions are a scalable treatment for academic under-achievement. *Psychological Science*, *26*(6), 784-798.

Seligman, M. E. P., & Maier, S. F.（1967）. Failure to escape traumatic shock. *Journal of Experimental Psychology*, *74*, 1-9.

Weiner, B., Heckhausen, H., & Meyer, W.（1972）. Causal ascription and achievement behavior: A conceptual analysis of effort and reanalysis of locus of control. *Journal of Personality and Social Psychology*, *21*, 239-248.

Zimmerman, B.（2011）. Motivational sources and outcomes of self-regulated learning and performance. In D. H. Schunk & B. J. Zimmerman（Eds.）, *Handbook of self-regulation of learning and performance*（pp. 49-64）. New York: Routledge.

第10章　犯罪と司法
──その原因と対応

加 藤 弘 通

　犯罪心理学は「なぜ犯罪は起きるのか」を扱う犯罪原因論，「どうやって犯罪者を捕まえるのか」を扱う捜査心理学，「目撃証言や供述は信頼できるのか」といった問題を扱う裁判心理学，「犯罪者にどう対応し支援するのか」を扱う矯正心理学，「犯罪をどうやって防ぐのか」を考える防犯心理学，そして「被害者をどう支援するのか」といった被害者支援などその下部領域は多岐にわたる。この章では，犯罪・非行の定義と司法プロセス，およびその現状という基本的な知識を得るとともに，犯罪研究の中でも蓄積のある犯罪・非行の原因と，近年，大きく研究が進展している犯罪・非行への対応についてみていく。

1　犯罪・非行と心理学

1-1　犯罪・非行とは何か

　犯罪とは，①**構成要件に該当**し，②**違法**であり，③**有責な行為**の三つの条件に該当する行為を指す（裁判所職員総合研修所，2007；河野・岡本，2013）。構成要件とは，法律によって禁じられ刑罰が科せられる事実・行為のことである。たとえば，「人の身体を傷害する」行為は，刑法第204条で傷害罪として「15年以下の懲役又は50万円以下の罰金」を受けるとされており，この場合，「人の身体を傷害する」ことが構成要件に該当することになる。

　しかし，構成要件に該当したからといって，直ちにそれが犯罪になるとは限らない。たとえば，外科医による手術は①の「人の身体を傷害する」という構

成要件には該当するが，②の違法性には該当しないため犯罪とはならない。また構成要件と違法性を満たしていても，行為者が14歳未満の少年であったり，心神喪失者であった場合，責任能力がないということで犯罪にならない。

　このように厳密な意味での犯罪とは，上記三つの条件を満さなければならない。したがって，同じ行為がそれを起こす人や時代，状況によって犯罪になったり，犯罪でなくなったりするということである。たとえば覚醒剤の使用は，第二次世界大戦前は犯罪ではなかったが，戦後，覚せい剤取締法ができ刑罰の対象，つまり犯罪となった。さらに現在は，アディクションという病理としての側面が強調されるようになっており（松本，2018），今後は刑罰の対象というより，医療の対象としてみられる傾向がより強くなっていくかもしれない。

　一方，**非行**は20歳未満の少年に適用されるより広い概念であり，以下の三つに分類される。一つめは**犯罪少年**で，14歳以上20歳未満で罪を犯した少年である。二つめは**触法少年**で，14歳未満で罪を犯した少年である。三つめは**ぐ犯少年**で，将来，罪を犯すおそれのある少年である。このぐ犯という考え方は，非行に特徴的な概念である。というのも，犯罪とは通常，過去に犯した行為に対して用いられるのに対して，ぐ犯は将来の可能性に対して用いられる概念だからである。したがって，深夜徘徊や喫煙といった問題は，本来，保護者やたばこを販売した大人が罪に問われる行為であるにもかかわらず，それをした少年を非行少年として補導・保護することができるのは，このぐ犯という概念が少年非行に含まれているからである。

1-2　犯罪・非行を起こすとどうなるのか

　それでは犯罪や非行を起こすとどうなるのか。その概略を示したものが図10-1である。成人の場合，警察に逮捕されると，検察に送られ（送検），裁判にかけられる。刑が確定すると，刑務所をはじめとした刑事施設に送られる（施設内処遇）。一定の刑期を経て仮釈放が許されると刑務所から出所し，保護観察所の保護観察官および保護司による指導・支援を受けることになる（社会内処遇）。また裁判で執行猶予となった場合も，その一部は保護観察所の指導・

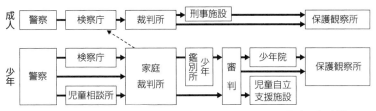

図 10-1　犯罪者と非行少年の処遇の流れとそれにかかわる司法・行政機関
（出所）河野・岡本（2013）を一部改変

支援を受けることになる。

　一方で少年の場合，14歳以上で警察が禁錮以上の罪を犯した疑いがあると判断した場合は検察に送られ，捜査の上，**家庭裁判所**に送られる。他方，警察が罰金刑以下の刑にあたると判断した場合は，警察から直接家庭裁判所に送られる。また少年が14歳未満である場合は**児童相談所**に通告され，家庭裁判所に送られる。その後，必要があれば**少年鑑別所**でさらに詳しい調査が行われ，審判を経て，**少年院**あるいは**児童自立支援施設**への送致，あるいは**保護観察**に付される。また14歳以上の少年で重大な事件を起こすなど家庭裁判所で調査した結果，刑事処分が相当とされた場合は検察に送致され（逆送致），成人と同様の処遇を経ることもある。

　なお心理学との関係でいえば，図10-1に示した各機関では多くの心理職が働いている。例を挙げると，家庭裁判所の調査官や少年鑑別所の法務技官，また少年院の法務教官などに心理学を専門とする者が多く従事しており，少年が「なぜ非行や犯罪を起こしたのか」を調べ，その上で「どのような支援が必要なのか」を考え，少年の更正・保護にあたっている。さらに図10-1には記されていないが，各都道府県の警察の科学捜査研究所や警察庁の科学警察研究所でも心理職が科学捜査の研究や鑑定を行っている。

1-3　犯罪・非行の現状

　犯罪の現状について，わが国は諸外国と比較して治安がよいということがよくいわれる。たとえば，表10-1に各種犯罪発生率を示した。先進諸国と比較

表 10-1　各種犯罪の発生率の国際比較

	殺人	強盗	窃盗	強制性交等
日　本	0.3	1.9	427.5	0.9
フランス	1.6	168.2	2758.7	—
ドイツ	0.8	54.7	2273.6	8.6
イギリス	1.0	81.0	2932.3	—
アメリカ	5.0	102.3	2498.6	38.8

（注）2015年の人口10万人あたりの発生件数。
（出所）法務総合研究所（2018）より作成

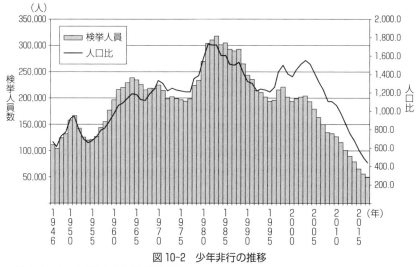

図 10-2　少年非行の推移

（注）人口比は10歳以上の少年10万人あたり。
（出所）法務総合研究所（2018）

しても，日本の各種犯罪の発生率が非常に低いことがわかる。

　また非行については，少年による凶悪な事件が起きると，しばしばマスコミで集中的に報道されるため，世間には少年非行は増加，凶悪化しているような印象をもっている人も多い。たとえば，内閣府（2015）が成人を対象に行った調査で「5年前と比べて少年による重大な事件は増えていると思うか」という質問に対して，78.6%が増えていると答えている。また「どのような少年非行が増えていると思うか」という質問に対して，45.9%が「凶悪・粗暴化したもの」と答えている。しかし，図 10-2 に示したとおり，少年非行の現状はかつ

てないほど減少している。また殺人等凶悪犯罪についても同様で少年非行が凶悪化しているという事実もない。このように，人々の認識と実態に大きなズレがあるのが現代の少年非行を取り巻く状況である。それではなぜ犯罪・非行は起きるのだろうか。次では犯罪・非行の原因についての研究をみていく。

2　犯罪・非行の原因

重大な事件が起きると「なぜそのような犯罪や非行が起きたのか」ということに世間一般の関心が集まる。これを専門的には**犯罪原因論**といい，犯罪心理学の主要な関心の一つである。これまで古典的な犯罪原因論として，異なるメタ理論＝人間観にもとづく様々な理論が提唱されてきた（麦島，1990）。

2-1　なぜ犯罪を起こすのか

一つめは性善説にもとづき「なぜ人は犯罪を起こすのか」という問いを立てる**緊張理論**（Merton, 1949 森・森・金沢・中島訳 1961）である。人々は社会の中で成功を目指して様々な努力をするが，それが必ずしも成功するとは限らない。そのとき一種の疎外感が生じ非行へと動機づけられると考える。具体的には，そもそも人は善き存在であるのだが，学校や家庭，職場等でうまくいかずフラストレーションがたまり緊張状態が生じ，それが犯罪へと向かわせるというような考え方である。日本では学歴や学業成績と非行の関連がしばしば指摘されており，たとえば，岡邊（2010）は中学 2 年生時の成績が低いことが非行少年における再犯のリスク要因の一つであることを明らかにしている。こうした知見は緊張理論を支持するものであるといえる。

2-2　なぜ犯罪を起こさないのか

二つめは性悪説にもとづき「なぜ人々は犯罪を起こさ・な・い・のか」という問いを立てる**統制理論**（Hirshi, 1969 森田・清水監訳 2010）である。したがって，この理論では犯罪・非行の抑制要因の探求が主題となり，4 点の**社会的絆**（social bond）の存在が指摘されている。1点めは愛着であり，親や教師など身近な人に対して抱く愛情や敬意からなる絆である。強い愛着を抱く人がいれば，人はその人を裏切ったり，失望させたくないために逸脱を控えるということを意味している。2点めは投資であり，学業や仕事に強く関与している人ほど，もし犯罪を起こしたときに失うものが大きいためにそうした行動を行わない。3点めは没入であり，スポーツや勉強，仕事に熱中していれば，そもそも犯罪を起こす機会がないことを意味している。4点めは信念で，その人がルールに従うべきだと思う程度であり，合法的な集団の規範を内面化し，それを守るべきという人は犯罪を起こさないということを意味している。したがって，こうした社会的絆が弱まったとき，あるいはうまく築けていないときに，人は犯罪を起こすと考えられる。

　しかし，社会的絆が弱く非行に走った者でも，青年期を過ぎて一定の年齢になるとその多くは，非行から足を洗い通常の社会生活に戻る（年齢効果）。したがって，社会的絆の弱さだけでは，青年期後も逸脱を続ける者とそうでない者の違いを説明できないという問題点が指摘されるようになってきた。そこで最近では，より個人の内的な要因である**セルフコントロール**に焦点が当てられるようになってきている（Gottfredson & Hirshi, 1990 大渕訳 2018）。セルフコントロールは幼少期からの親子関係の中で形成され，比較的安定したパーソナリティ特性の一部であると考えられている。したがって，このセルフコントロール力が未形成，あるいは欠如している場合，人々は犯罪や非行に走ると考えられる。実際，セルフコントロールが低い者は，犯罪機会が多くなるほど，より逸脱的な行動を取る傾向が強くなることがわが国を含め異なる文化圏で実証されている（中川, 2016）。

2-3　なぜ犯罪を起こすことができるのか

　三つめは経験説にもとづき「なぜ人は犯罪を起こすことが可能なのか」という問いを立てる**分化的接触理論**（Sutherland, 1949 平野・井口訳 1955）である。その答えは，反社会的な仲間集団の中で逸脱行動を学習していくというもので

ある。しかも学習の対象は犯罪の方法や手口のみならず，動機や罪悪感の解消といったものも含む。たとえば，動機については，反社会的な仲間集団の中では遵法的な行動より，逸脱行動を取ることのほうが高い価値がおかれる場合が多く，そうした仲間と接触する中で逸脱的な価値観を学習し，動機づけられていくと考えられる。また罪悪感に関しても，仲間内で**中和の技術**（Sykes & Matza, 1957）を学ぶことで対処可能になる。たとえば，万引きをはじめてしたとき，多くの者は激しい罪悪感に苛まれる。そうしたストレスフルな事態に対し，「大きな店だし，たいした損害ではない」とか「誰も傷つけてはいない」といったように非行少年の多くは正当化を図る。あるいは周りの仲間が諭し慰めてくれる。サイクスとマッツァ（Sykes & Matza, 1957）はこうした罪悪感への対処法を中和の技術と呼び，それを仲間集団の中で学習することで，より逸脱を深化させることが可能になると考えたのである。

　以上は代表的な犯罪原因論であるが，この他にも個人の逸脱傾向がどのように形成されるのかといった点には関心を払わず，犯罪を一種の化学反応のようにとらえ①犯罪に動機づけられている者，②格好の標的，③監視者の不在という三つの要素がある時間ある場所で同時に揃ったとき，犯罪というイベントが発生すると考える**日常活動理論**（Felson, 2002 守山訳 2005）がある。この理論は，監視が手薄になるポイントをマッピングし，犯罪が起こりやすい場所として注意喚起を促したり，防犯カメラやパトロールによって監視者の不在を防ぐなど，犯罪を未然に防ぐ防犯活動に活かされている。

3　犯罪・非行への対応

　犯罪や非行への対応として大切なことは，それを繰り返させない，つまり再犯を防ぐことである。したがって，実践的には「なぜ犯罪を起こすのか」よりも「なぜ犯罪を繰り返すのか」の解明とそれへの対応が求められることになる。

3-1　犯罪・非行の二つのタイプ

　非行少年を長期にわたり追跡した縦断調査の結果から非行には二つのタイプがあることがわかっている（Moffitt, 1993）。一つは**生涯継続型**であり，神経学的問題を抱えており，発達のごく初期（3歳ごろ）から様々な問題を起こし，生涯にわたって問題行動を起こす，したがって成人後も犯罪者となるリスクが高いタイプである。もう一つは**青年期限定型**で，問題行動を起こすのは青年期のごく限られた時期のみで，いずれその時期を過ぎると逸脱行為から離脱し，市民生活に戻っていくタイプである。この青年期限定型は神経学的問題を抱えておらず，青年期特有の葛藤やジレンマから一時的に逸脱行動に惹かれ，生涯継続型の行動を模倣すると考えられている。したがって，タイプに応じて，対応の方法や時期を変える必要がある。具体的には青年期限定型については従来の支援の思春期青年期の問題へのあり方で対応可能であるが，生涯継続型については幼児期からの早期介入の必要性がある。実際，生涯継続型は，当初，ADHDといった発達障害との関連性が強く示唆されていたが，児童期に攻撃傾向が抑えられれば，思春期以降の非行・犯罪とつながらないという研究結果も示されている（Broidy et al., 2003）。つまり，早期介入し周囲の大人がうまくかかわることができれば，生涯継続型の特徴をもっていても非行・犯罪へと至らない可能性も示唆されるようになってきている。したがって，犯罪・非行への対応についても，一概に犯罪・非行への対応と一括りにするのではなく，対象となる者のタイプや状況をアセスメントし，それに応じた治療プログラムが必要となる。

3-2　再犯リスクとそれに応じた対応

　上記の期待に応えるものとして近年注目を集めているのが**RNR**（Risk-Need-Responsibility）**原則**である（Bonta & Andrews, 2017 原田訳 2018）。この原則によれば，効果的な犯罪者処遇を行うためには①再犯リスクのレベルに応じた密度により（**リスク原則**），②再犯に結びつく変化可能な動的な要因をターゲットとし（**ニード原則**），③一般的あるいは個別的に応答性の高い方法を用いる

表10-2　再犯リスクファクターとしてのセントラルエイト

犯罪歴＊	若いときから多種多様な犯罪・非行歴があること
反社会的なパーソナリティ・パターン＊	攻撃性，冷酷性，共感性の欠如，衝動性や刺激希求性など
反社会的な価値観や態度＊	犯罪やルール違反を肯定するような態度
反社会的な交友関係＊	不良仲間との交友，向社会的な仲間からの孤立
家庭・婚姻状況の問題	養育上の問題や夫婦関係の問題など
学校・仕事の問題	学校不適応や職場への満足感の低さ，成績・業績の低さ
余暇・娯楽	反社会的ではない余暇や趣味をもって生活しているか
物質乱用	アルコールと違法薬物の乱用

（注）＊はビッグフォー。
（出所）Bonta & Andrews（2017 原田訳 2018）より作成

こと（**治療応答性原則**）が重要であると考える。そして，犯罪者のリスクレベルとターゲットとすべき要因をアセスメントするために，先行研究から見出された再犯と強く関連する八つの要因が**セントラルエイト**としてまとめられている（表10-2）。とくに上から四つの要因はしばしば**ビッグフォー**と呼ばれ，他の要因と比べても再犯とより強く関連することが指摘されている。したがって，これらの要因により多く該当する者は，犯罪リスクが高く，逆にほとんど該当しない者は犯罪リスクが低いと判断されることになる。たとえば，犯罪リスクが高い者に対しては，高密度（施設内処遇で1回あたりの時間が長く，高頻度で長期間にわたる）の再犯防止プログラムを受けさせなければならないが，リスク原則に反し，犯罪リスクの低い者をそこに混ぜてプログラムに参加させると逆に再犯率が上がることが指摘されている（Bonta & Andrews, 2017 原田訳 2018）。またニード原則からすると，セントラルエイトのうち犯罪歴を除く，七つの要因が介入により変化させることが可能な動的な要因であり（犯罪歴のように過去に遡って変化させることができないものは静的な要因と呼ぶ），再犯リスクを強く予測するという意味で，再犯に結びつく要因である。しかしたとえば，このニード原則に反し，低い自尊感情の改善といった非行少年や犯罪者の多くに共通する要因であっても，犯罪行動と関連しない要因にいくら介入しても再犯率は抑えられないということになる。

　したがって，再犯を抑えるためには，上記七つの要因の変化にターゲットを絞って，一般的には治療応答性が高い（治療効果に関してエビデンスがある）認知行動療法を用いたプログラムをまずは採用し，その上で個々の犯罪者がもつ個別のニーズ（たとえば，精神疾患や貧困，知能的な問題等）に対応していくべきであると考えるのである。

　この RNR 原則の効果は，複数のプログラムをメタ分析した研究によって支持されており（Andrews & Dowden, 2006; Prendergast, Pearson, Podus, Hamilton, & Greenwell, 2013），わが国の非行少年の処遇にも応用可能であることが実証されつつある（森，2017）。したがって今後，ますます注目されることが予想されるものである。

3-3　変化する犯罪心理学

　最後に犯罪心理学は今，大きく変化を遂げようとしている分野の一つといえる。というのも，最後に新しい流れとして示した RNR 原則にもとづく実践は**エビデンス・ベイスト・プラクティス**と呼ばれ（原田，2015），それまでの実務家の経験に多くを頼っていた司法臨床の現場に大きな変更を迫ろうとしているからである。つまり，たんに実務家や臨床家の経験や勘ではなく，統計的なデータによる科学的証拠にもとづいた実践をすべきだと主張するものであり，こうした流れは今後，治療や処遇の枠組みを大きく変えるものになるかもしれない。もちろん，科学的なエビデンスによって実務家の経験が裏づけられることもあるが，見直しを迫られることも多々起きてきている。これはこの分野に限らず，心理学の応用分野全体に起きていることでもある（第8章の社会心理学，第12章や第15章の臨床心理学の分野も参照のこと）。その意味で，犯罪心理学は大きく生まれ変わろうとしている心理学の最前線の一つであるといえるのである。

❖考えてみよう

　「中学2年生のAは小学校のころから，年上の少年たちと深夜徘徊を繰り返してきた。中学校入学後も改善の兆しはみられず，ときどき登校するものの，担任

と少し話をして帰宅ということが続く。家族は離婚により父子家庭。父親は教師から言われれば注意はするが，仕事で帰宅も遅く，ほぼ放任状態にある」。この事例に対して，本章の内容を参考にすると，どのようなアプローチが可能か，対応策を複数考えてみよう。

もっと深く，広く学びたい人への文献紹介

河野　荘子・岡本　英生（2013）．コンパクト犯罪心理学　北大路書房
　　☞本章で扱うことができなかった捜査や裁判，被害者支援の心理学についても書かれており，犯罪心理学の高度な内容が非常にわかりやすく学べる良書。

ボンタ，J.，＆アンドリュース，D. A.　原田　隆之（訳）（2018）．犯罪行動の心理学　北大路書房
　　☞本章の最後で扱った RNA 原則を世に知らしめたテキストの訳本。RNR原則だけでなく，犯罪研究の歴史や公認心理師にも必要とされる心理統計の基礎知識も学べる好著である。

引用文献

Andrews, D. A., & Dowden, C. (2006). Risk principle of case classification in correctional treatment: A meta-analytic investigation. *International Journal of Offender Therapy and Comparative Criminology, 50*, 88-100.

Bonta, J., & Andrews, D. A. (2017). *The Psychology of Criminal Conduct* (6th ed). New York: Routledge.
　　（ボンタ，J.・アンドリュース，D. A.（2018）．原田　隆之（訳）犯罪行動の心理学　北大路書房）

Broidy, L. M., Nagin, D. S., & Tremblay, R. E. et al. (2003). Developmental trajectories of childhood disruptive behaviors and adolescent delinquency: A six-site, cross-national study. *Developmental Psychology, 39*(2), 222-245.

Felson, M. (2002). *Crime and everyday life: Insight and implications for society.* Thousands Oaks: Pine Forge Press.
　　（フェルソン，M.　守山　正（訳）（2005）．日常生活の犯罪学　日本評論社）

Gottfredson, M. R., & Hirshi, T. (1990). *A general theory of crime.* Stanford CA: Stanford University Press.
　　（ゴットフレッドソン，M. R.・ハーシー，T.　大渕　憲一（訳）（2018）．犯罪の一般理論——低自己統制シンドローム——　丸善出版）

原田　隆之（2015）．心理職のためのエビデンス・ベイスト・プラクティス入門——エビデンスを「まなぶ」「つくる」「つかう」——　金剛出版

Hirschi, T. (1969). *Causes of delinquency.* Berkeley, CA: University of California Press.
　　（ハーシー，T.　森田 洋司・清水 新二（監訳）（2010）．非行の原因　文化書房博文社）
法務総合研究所（2018）．平成30年度版　犯罪白書　昭和情報プロセス
河野 荘子・岡本 英生（2013）．コンパクト犯罪心理学　北大路書房
松本 俊彦（2018）．薬物依存　ちくま新書
Merton, R. K. (1949). *Social theory and social structure: Toward the codification of theory and research.* Free Press.
　　（マートン，R. K.　森 東吾・森 好夫・金沢 実・中島 竜太郎（訳）（1961）．社会理論と社会構造　新装版　みすず書房）
Moffitt, T. E. (1993). Adolescence-limited and life-course-persistent antisocial behavior: A developmental taxonomy. *Psychological Review, 100* (4), 647-701.
森 丈弓（2017）．犯罪心理学——再犯防止とリスクアセスメントの科学——ナカニシヤ出版
麦島 文夫（1990）．非行の原因　東京大学出版会
内閣府（2015）．少年非行に関する世論調査　https://survey.gov-online.go.jp/h27/h27-shounenhikou/1.html（2019年5月2日閲覧）
中川 知宏（2016）．低自己統制理論　日本犯罪心理学会（編）　犯罪心理学事典（pp. 18-17）　丸善出版
岡邊 健（2010）．再非行の危険因子と保護因子　青少年問題, *639,* 8-13.
Prendergast, M. L., Pearson, F. S., Podus, D., Hamilton, Z. K., & Greenwell, L. (2013). The Andrews' principles of risk, need, and responsivity as applied in drug abuse treatment programs: Meta-analysis of crime and drug use outcomes. *Journal of Experimental Criminology, 9,* 275-300.
裁判所職員総合研修所（2007）．刑法総論講義案　3訂補訂版　司法協会
Sutherland, E. H. (1949). *White collar crime.* New York: Dryden Press.
　　（サザーランド，E. H.　平野 竜一・井口 浩二（訳）（1955）．ホワイトカラーの犯罪——独占資本と犯罪——　岩波書店）
Sykes, G. M., & Matza, D. (1957). Techniques of neutralization: A theory of delinquency. *American Sociological Review, 22,* 664-670.

第11章 産業と組織
——職場，仕事，人を理解する

坂 井 敬 子

　働く人がかかえる問題をとらえるには，広い視点が求められる。たとえば，上司との葛藤を訴える人がカウンセリングに訪れた場合，問題のありかの可能性を，その人やその上司だけに限ってみるのでは不十分だろう。所属する組織の環境（システムや人），家庭など私生活領域の環境，勤務形態，——ひいては私たちが属する日本の社会にも問題が潜む可能性があるからである。そこで本章では，産業領域における心理専門職にとって必要と考えられる産業・組織心理学の諸理論を学ぶ。

1　産業領域における心理職

1-1　心理教育とメンタルヘルスのケア

　私たちが生きているこの時代の変化はめまぐるしい。グローバル化，IoT の進展，AI の発展などは，私たちの生活を便利にしているだけでなく，競争の激化や職業の変化など，働く環境を厳しくしてきている。近年の日本においては，長時間労働，サービス残業，ブラック企業，過労死などのネガティブなニュースにこと欠かない。働き方改革が唱えられているものの，議論すべき課題は山積している。

　産業領域における心理職も，このような背景を理解しておく必要がある。産業領域で心理職の役割として期待されるのは，職場組織の内外あるいは求職者支援の場面において，働くことに関する問題やトラブルを抱える人の心理的相

談業務の他にも，心の健康に関する知識を普及させるための教育や情報提供があるからである（野島，2016）。心理援助職にとって，社会の動向や心理学の理論を幅広く学ぶことにはこのような意味がある。

　厚生労働省は，労働者のメンタルヘルス指針を定め，これを推進している。2015年には，**ストレスチェック制度**の実施が労働者数50人以上の事業場において義務づけられた（厚生労働省，2016）（第12章も参照）。その制度の主目的は，労働者のメンタル不調の未然防止，つまり**一次予防**と呼ばれるものである。予防は三つの段階に分けられており，**二次予防**はメンタルヘルス不調を早期に発見して適切な対応を行うこと，**三次予防**はメンタルヘルス不調となった労働者の職場復帰を支援することである。ストレスチェック制度においては，本人にチェックの結果を通知して自らのストレスの状況について気づきを促しストレス低減を図り，さらに，職場のストレス要因を評価して職場環境の改善につなげようとする。

　メンタルヘルスに対して行うケアの主体は，四つに分けてとらえることができる。①**セルフケア**：従業員自身によるケア，②**ラインケア**：上司などによるケア，③**事業場内産業保健スタッフ等によるケア**，④**事業場外資源によるケア**である（厚生労働省，2016）。心理職によるケアは，上記③あるいは④にあてはまる。

1-2　法制度と多職種連携

　産業領域において心理職に必要とされる法律は四つ挙げられる（村上，2015）。まず，もっとも基本となる**労働基本法**である。労働関係の基本原則，賃金，労働時間，解雇，災害補償，安全衛生などに関する法律で，労働条件の最低基準を定めるものである。次に挙げられる**労働安全衛生法**は，もとは労働基準法の一部として定められていたが，その簡素な規制を抜本的に充実させる意図で独立して制定されたいきさつがあり，安全衛生について最低基準を定めるものである。前述のストレスチェック制度は，この法律にのっとっている（厚生労働省，2016）。**労働者災害補償保険法**は労災保険制度に関する法律，**労働契約法**

は労働契約にかかわる民事的なルールを体系化した法律である。

　また，心理支援や教育を期待される心理職にとって，他の多様な職種との連携は欠かせない。連携する職種の例には，産業医，精神科産業医，産業看護師・保健師，キャリア・カウンセラー，総務・人事担当者，職場の担当者（上司・同僚），家族，事業場の外部資源（主治医・外部 EAP（Employee Assistance Program；従業員支援プログラム）・リワーク施設等）が挙げられる。各メンバーは，援助の対象者だけでなく，自らがチームに所属していることを意識する必要がある（中嶋，2015）。

2　キャリアと組織行動

2-1　キャリア発達とその支援

　働く場面で様々な心理的問題を理解し対処する際，「キャリア」という概念の理解は欠かせない。**キャリア**とは，荷車や戦車，これらが通過する道，わだちを語源とし（金井，2016），個人の生涯における様々な役割の移り変わりを表す概念である。キャリアは，高度専門職や職業上の地位上昇といった意味合いで使われることもあるが，心理支援においてはそうではない。すべての働く人，ともすれば，働く／働かないにかかわらず，すべての人がもっているものとして用いられる言葉である。職業場面に限定せず，人生全体を意識するときは，とくに「**ライフ・キャリア**」と明確化することもある（金井，2015）。

　金井（2015）によれば，働く／働かないに限らず，個人は複数にわたってかかわる領域をもっている。たとえば，仕事領域では営業のキャリア，管理職のキャリア，家庭領域では父親のキャリア，おむつ替えのキャリアといったものである。これらはバラバラではなく，個人の中でなんらかの形で統合されている。キャリアの時系列を一本一本の糸とすれば，人生はこれらのキャリア（役割）がよりあわさった「キャリアの束」と考えることができる。個人における複数のキャリアはよくもわるくも影響を受け合うことがあり（スピルオーバー），また，キャリア間で葛藤が生じ選択を迫られることもある。

キャリアの理論では，人の一生はいくつかの発達段階に分かれ，それぞれに発達課題があるとされる。たとえばスーパー（Super, 1957 日本職業指導学会訳1960）の提唱した**キャリア発達段階**理論では，15〜25歳を目安とする探索段階において，現実的な探索を通じ職業を選択することが個人の課題となる。このような発達に従って生じる問題は，キャリアに関するなんらかの**パースペクティブ**（見通し）を形成させる（金井，2015）。パースペクティブは，課題への意欲を高め，不安を低める効果がある。キャリアは必ずしも個人の思い通りにはならないので，明確すぎず不明確すぎもしない適度なパースペクティブをもつことが役に立つとされる。とくに，若年層のキャリア支援では，「今はできなくてもいつかできる」といった将来の自分に対する効力感を高めるサポートが重要である（金井，2015）。

金井（2016）は，人の生活において，キャリア発達は光，メンタルヘルス不調は影の部分であるという。これらの両面を視野に入れることが，支援においては重要なのである。

2-2　働く場面の動機づけ

「労働条件・環境のような外的要因とやりがいのような内的要因のどちらが人を仕事により動機づけるか」は多くの人を引き付ける問いだろう。著名なマズロー（Maslow, 1970 小口訳 1987）の**欲求階層理論**にもとづいて考えてみると，後者の内的要因がその答えとなるようである。

マズローは，人の欲求は序列のある5層からなるとした。もっとも低次なものから，生理的，安全，所属と愛，承認と序列が上がっていき，もっとも高次なのは自己実現の欲求である。低次な欲求がある程度充足してはじめて，より高次な欲求が生じる。また，自己実現以外の欲求が欠乏すると人は動機づけられるが，満たされると人は動かされることがなく，より上位の欲求が生じる。自己実現の欲求だけは他の欲求とは異なり，それが満たされてもさらに上を目指し，自己の理想に向かって行動が持続される。

この考えに従えば，生活を営むことがはたされた時点で，人は賃金によって

それ以上動機づけられることはない。より上位の欲求が人を仕事に動機づける。25～39歳の有職者を対象にした筆者の研究もこれを裏づける。生活向上の追求は目標形成や仕事継続の意思を高めることはなかった一方で，フロー（仕事で感じる楽しさ）の追求は仕事継続の意思を高め，自己能力の探求は目標形成を高めることが示唆された（坂井，2012）。

　また，ハーツバーグ（Hertzberg, 1966 北野訳 1968）の**衛生―動機づけ理論**も，内的要因に軍配を上げる。彼は，働く人の満足と不満足を一次元の両極ではなく，それぞれ独立した2次元のものであると考えた。そして，仕事の達成や承認，成長といったやりがいにかかわることを「動機づけ要因」，賃金などの労働条件や人間関係などを「衛生要因」とした。動機づけ要因がよくなれば，満足感は上昇し，人は働くことに動機づけられる。一方，衛生要因がよくなれば不満足は軽減するものの，満足感を高めるわけではなく，人は働くことに動機づけられないとされたのである。

　他にも，**内発的動機づけ**による行動の持続や高いパフォーマンスは，様々な動機づけ理論で論じられている（第9章参照）。組織にとっては，従業員の働きにみあう妥当な賃金を提供することが当然の務めであるが，やりがいを高める職場環境を整えることもまた重要な務めである。

　なお，マズローとハーツバーグの各理論には批判もあるので取り上げておきたい。

　マズロー理論では，生理的欲求のような低次な欲求が満たされなければ安全ないしそれより高次の欲求が生じることはないと考える。しかし，この考えにあてはまらない状況もよく見聞きすることがあるのではないだろうか。たとえば，経済状況が逼迫していても，自分の有能さを認められたい，より成長したいという欲求が強いといったことである。そのじつ，後年において，マズローの考えを発展させたアルダーファ（Alderfer, 1972）は，低次の欲求が満たされなくても高次の欲求が生じることを仮定した。

　ハーツバーグ理論は，人間関係を，人を働くことに動機づけず，衛生要因の一部にすぎないものと考える。しかし，産業・組織心理学において名高い**ホー**

ソン実験は，人間関係をまったく異なるものとして示した。これは，1930年前後に実施された，産業・組織心理学における人間関係論の基礎となった一連の研究である。この研究が高く評価されているのは，組織内の労働者の行動は，物理的環境要因に直接の影響を受けず，それぞれの労働者の態度や感情に規定されており，その態度や感情は，職場での人間関係から生じていることを示した点にある（金井，2019）。

2-3　リーダーシップとフォロワーシップ

　メンバー間で共通した目標をもち，それを達成するために各々の役割を果たす組織において，**リーダーシップ**と**フォロワーシップ**は重要事項である。リーダーシップというと，リーダーのみの資質や行動を想像しがちであるが，高石（2017）が述べるように，リーダーシップはリーダーの中に存在するのではない。リーダーとフォロワーの間で形成されるプロセスのことをいうのである。

　三隅（1987）が唱えた**PM 理論**は，有効なリーダーシップを説明するものとして非常に汎用性が高いといえる。この理論では，目標達成機能と集団維持機能の二つによってリーダーシップ行動をとらえる。目標達成機能とは，集団における何らかの共通目標を達成，あるいは問題を解決するための集団の活動を活発化させる働きである。Performance の頭文字をとって「P 機能」と表される。集団維持機能とは，集団としてのまとまりやメンバー間の結びつきを維持ないし強化する働きである。Maintenance の頭文字をとって「M 機能」と表される。当初は，P 機能とM 機能のどちらがより有効なのかが検討されたが，結果には実りがなく，両機能を 2 次元的に 4 類型化し，どちらも高い PM 型，P 機能だけが高いP 型，M機能だけが高いM型，どちらも低い pm 型の比較を行ってはじめて一貫した知見が得られた。どんな現場においても一貫して見いだされたのは，PM 型がもっとも優れ，pm 型がもっとも劣るということであった。P 型とM型を比較した場合では，短期的指標の一部においてはP 型がM型より優位であるものの，他の多くの諸項目や長期的指標に関しては，M型がP 型より優位であるようだ。後年の様々なリーダーシップ理論では，両機能以

外にも多くの機能が研究され提唱されたが，多くは，Ｐ機能やM機能に収束可能のように考えられる。

　先に述べたように，組織においてはリーダーだけでなくフォロワーも欠かせない存在である。高石（2017）によれば，2000年代ごろから，フォロワーはリーダーの影響を一方的に受けるのではなく，相互に影響を受け合うのだという考えがみられるようになった。組織のパフォーマンスの原因をリーダーシップに過剰に帰属する傾向（**リーダーシップ幻想**）は，私たちの社会によくあるように考えられる。フォロワーシップに関する研究の蓄積が望まれる。

3　組織の目的と消費者心理

3-1　組織の目的と利益

　人々が賃金を得るために働く職場組織は，営利・非営利にかかわらず，何らかの目的を共有しているものである。たとえば，非営利組織ならば「公共の利益の拡大」など，営利組織ならば「金銭的利益」などがあてはまるだろう。それは，組織理念として明文化されることもあれば，暗黙裡に共有されることもある。

　20世紀を代表する経営学者であるドラッカー（Drucker, 1974 上田訳 2001）は，**企業の目的**は利益の追求ではないと説いた。利益は，個々の企業にとっても社会にとっても必要であるが，目的ではなく条件にすぎないという。それでも彼は，利益の重要性を軽視しておらず，利益は，企業活動やよりよい労働環境などの原資であるという。

　彼が強調する企業の目的は，顧客の創造である。顕在的あるいは潜在的な欲求を，商品やサービスとして人々が購入できるように変換すれば，市場と顧客ができあがるのだという。容易に想像できるように，たんなる利益追求は手っ取り早く果たすことも可能かもしれないが，顧客創造の道のりは長い。求められる資源や手段も多様である。

　こうしたドラッカーの考えは，「お金を稼ぐ」「お金を使う」ことについて，

私たちの認識を深めてくれるように思われる。

3-2　消費者心理と企業の戦略

　企業活動にとって，商品やサービスを生み出し販売するために，人の特性・個人差や環境が人に与える影響を理解することは欠かせない。こうした**消費者心理**には，知覚，認知，学習，動機づけ，パーソナリティ，社会といった多種の基礎心理学領域がかかわる（馬場，2017）。伝統的で典型的なのが，社会心理学における**説得的コミュニケーション**の研究である（第8章参照）。どのような広告が効果的なのか，どのような対面接客が効果的なのか，様々な理論や概念，テクニックが提唱された。また，前出のマズローの欲求階層理論も，消費者心理学ではよく援用される。

　消費者心理は企業の戦略に大いに応用されている。とくに著しいのが**マーケティング**である（花尾，2017）。マーケティングとは，ドラッカーの言葉を借りながら表現すれば，顧客や市場が求める価値の創造（「何を作るか」）からスタートする活動である。マーケティングでは，製品（Product），価格（Price），流通（Place），販売促進（Promotion）が四つのツールとして重視される（Kotler & Keller, 2007 月谷訳 2008）。マーケティングは「いかに売るか」だけではないことがわかってもらえるだろう。

　先に，企業活動では消費者の個人差を知ることが必要であると述べた。マーケティングでは，個人差を考慮し，市場を細分化する（セグメンテーション）。セグメンテーションは，たんなるセクター（たとえば「若い中間所得層の自動車購買者」）ではなく，中でも類似した欲求を共有する顧客グループ（たとえば「低コストの輸送能力を求める者」）である。このセグメントはマーケティングを行う者がつくり出すのではない。的確にセグメントを特定し，どのセグメントをターゲットにするかが重要である（Kotler & Keller, 2007 月谷訳 2008）。

　近年では，インターネットを介したオンライン購買が盛んであり，流通や販売促進などに大きな影響を与えている。オンライン購買が増加しても，実店舗が意味を失ったわけではない。オムニチャネルと呼ばれる事業を担当する部署

が様々な企業におかれ，実店舗とオンラインを統合化することで，消費者にとっての利便性を高めようとしている（花尾，2017）。

4　働く人を支える職場環境

4-1　安全のマネジメント

　産業領域での安全は，製品・サービス自体の安全や働く環境に関連する。安全を支えるのは，**人間工学**と呼ばれる安全で使いやすい道具や機械をつくることに役立つ領域である。人間工学では，操作のしやすさとして人と機械を結びつけるインターフェースが重視される。現代社会にはありとあらゆる場面に機械が欠かせない。インターフェースに問題があれば，利便さに劣るばかりでなく，甚大な被害を引き起こす可能性がある。巧みなインターフェースには，工学的知識と，人間への深い洞察，人間への理解が必要なのである（細田，2017）。

　事故や災害の防止について，産業領域では以前から，「**ヒヤリハット**」（ヒヤリとしたりハッとしたりした経験）を事例として収集し，防止に役立てようといった活動が展開されている。このような様々なリスクを管理するアプローチは，テクノロジーやハードウェアに着目するものから，ヒューマンファクター（人的要因），さらにはもっと広く組織要因としてとらえる見方に幅を広げてきた。その背景には，チェルノブイリ原発事故やチャレンジャー号爆発事故（ともに1986年）といった現実の事故事例がある。安全を文化だとする考えも，こうした事故を期に生まれた組織安全の基本理念である（細田，2017）。

4-2　組織文化と個人のワークスタイル

　組織文化に注目が集まるようになったのは，1980年代にアメリカで出版された超優良企業を紹介する書籍が契機である。それらの企業に共通してみられたのは，構造などの管理面より，文化的強さというソフト面であった。組織文化は，個々の組織においてメンバーたちに共有され当然視される集団規範やそれにもとづく行動パターンである。組織文化が強いと，コミュニケーションの円

滑化，確信をもった判断，モチベーションの向上など様々な機能が作動する。しかし，思考パターンの均質化，成功経験への固執といった逆機能も存在する（山浦，2009）。

　中原・パーソル総合研究所（2018）のいう「残業文化」は，「働き方改革」の掛け声が喧しい中，組織文化の逆機能のおそろしさを示した言葉であるように考えられる。

　日本の**長時間労働**はかねてより話題になっており，その背景には，職務内容に対応して人が雇われておらず，見つけようと思えば無限に仕事ができてしまい，仕事の時間にも制限がないという日本の職場特徴がある。加えて，中原・パーソル総合研究所（2018）は，残業には，「集中」「感染」「遺伝」という厄介な特質があると指摘する。具体的には，先ほど述べた**職務制限のなさや時間制限のなさ**により上司の裁量一つで優秀な部下に仕事が集中しがちであり，そうした仲間がいる職場内の無言のプレッシャーや同調圧力によって残業が広がり，若いころに残業が当然だった上司が転職して組織を変わってもやはり部下に残業を多くさせるということである。

　このように，個人のワークスタイルは職場文化の影響をまぬがれない。

4-3　組織文化をつくるのは誰か

　組織文化がつくり出される源泉にはリーダーの存在がある。そして，生成のプロセスには組織メンバーの存在があり，リーダーとの相互作用によって組織文化は成熟していく（山浦，2009）。本章2節で述べたように，フォロワーはリーダーと相互に影響を受け合う。私たちはともすると，文化や環境をつくるのはごく一部の管理層（リーダー）の責任だと思いがちではないだろうか。組織メンバー一人ひとりの力をけっして軽視してはならない。そのメンバーには当然，自分も含まれている。

　現状，日本の産業領域における臨床心理活動は，他の領域に比較して見劣りするといわれる。しかし，むしろ，心理職の活躍がもっとも望まれているのは，この領域なのである（下山，2015）。

❖考えてみよう

　「仕事がしんどいので会社を辞めたい」という人の訴えについて，心理職がその人の問題を理解するための手がかりとは何だろうか。どんな年齢のどんな立場にある人かを想定したうえで，①職場環境や労働条件，②携わる仕事，③私生活，④その人自身の四つの大枠をもとに，何をどのように質問したらよいかを考えてみよう。加えて，多職種連携という観点について，どんな問題の場合にどんな人に働きかけると効果的であるかも考えてみよう。

もっと深く，広く学びたい人への文献紹介

柳澤　さおり・田原　直美（編）(2015).　はじめて学ぶ産業・組織心理学入門　白桃書房
　　☞産業・組織心理学の4領域（組織行動，人事，消費者行動，安全・衛生）をそつなくカバーしながらも，かなり読みやすい入門書。事例も豊富。
金井　篤子（編）(2016).　産業心理臨床実践——個（人）と職場・組織を支援する——　ナカニシヤ出版
　　☞産業心理臨床を理解したい人や実践に携わる人にも薦めたい良書。理論や事例が充実しているだけでなく，求められる視点や価値観も養われる。

引用文献

Alderfer, C. P. (1972). *Existence, relatedness, and growth: Human needs in organizational settings*. New York: Free Press.

馬場　房子 (2017). 消費者心理学　馬場　昌雄・馬場　房子・岡村　一成（編）　産業・組織心理学　改訂版 (pp. 241-262)　白桃書房

Drucker, P. F. (1974). *Management: Tasks, responsibilities, practices*. New York: Harper and Row.
　　（ドラッカー，P. F.　上田　惇生（訳）(2001).　マネジメント　エッセンシャル版——基本と原則——　ダイヤモンド社）

花尾　由香里 (2017). 消費者心理学の応用　馬場　昌雄・馬場　房子・岡村　一成（編）　産業・組織心理学　改訂版 (pp. 263-281)　白桃書房

Hertzberg, F. (1966). *Work and the nature of man*. Cleveland: World Publishing.
　　（ハーズバーグ，F.　北野　利信（訳）(1968). 仕事と人間性　東洋経済新報社）

細田　聡 (2017). 人間工学とリスクマネジメント　馬場　昌雄・馬場　房子・岡村　一成（編）　産業・組織心理学改訂版 (pp. 201-220)　白桃書房

金井　篤子 (2015). ライフ・キャリア構築　臨床心理学, *15*(3), 313-318.

金井　篤子（2016）．産業心理臨床とは　金井　篤子（編）　産業心理臨床実践——個（人）と職場・組織を支援する——（pp. 3-16）　ナカニシヤ出版

金井　篤子（2019）．産業・組織心理学とは　金井　篤子（編）　産業・組織心理学を学ぶ——心理職のためのエッセンシャルズ——（pp. 1-12）　北大路書房

Kotler, P. K., & Kelller, K. L. (2007). *Framework for marketing management* (3rd ed.). Upper Saddle River, N.J.: Pearson Education.
（コトラー，P.・ケラー，K. L.　恩藏　直人（監修）月谷　真紀（訳）（2008）．コトラー＆ケラーのマーケティング・マネジメント基本編　第3版　ピアソン・エデュケーション）

厚生労働省（2016）．労働安全衛生法に基づくストレスチェック制度実施マニュアル　https://www.mhlw.go.jp/bunya/roudoukijun/anzeneisei12/pdf/150507-1.pdf（2019年2月17日閲覧）

Maslow, A. H. (1970). *Motivation and personality* (2nd ed.). New York: Harper and Row.
（マズロー，A. H.　小口　忠彦（訳）（1987）．改訂新版人間性の心理学　産業能率大学出版部）

三隅　二不二（1987）．働くことの意味——国際比較——　三隅　二不二（編）　働くことの意味（pp. 1-100）　有斐閣

村上　剛久（2015）．労働関連法規の基礎知識　臨床心理学，*15*(3)，324-328.

中原　淳・パーソル総合研究所（2018）．残業学——明日からどう働くか，どう働いてもらうのか？——　光文社

中嶋　義文（2015）．連携（team building）のための専門技能　臨床心理学，*15*(3)，329-332.

野島　一彦（編）（2016）．公認心理師への期待　日本評論社

坂井　敬子（2012）．有職者の将来展望とキャリア意思に影響する仕事価値観の検討——自己の能力および経済的報酬に着目して——　心理科学，*33*(2)，32-45.

下山　晴彦（2015）．産業・組織領域における心理職の活動の発展に向けて　臨床心理学，*15*，289-292.

Super, D. E. (1957). *The psychology of careers*. New York: Harper and Brothers.
（スーパー，D. E.　日本職業指導学会（訳）（1960）．職業生活の心理学　誠信書房）

高石　光一（2017）．リーダーシップとフォロワーシップ　馬場　昌雄・馬場　房子・岡村　一成（編）　産業・組織心理学　改訂版（pp. 144-161）　白桃書房

山浦　一保（2009）．組織文化　産業・組織心理学会（編）　産業・組織心理学ハンドブック（pp. 224-227）　丸善

第12章　医療と健康
──メンタルヘルスを支える
知識と方法

藤 本 昌 樹

現在，多くの心理職が病院や診療所といった医療現場で働いている。そこで心理職としての専門性を発揮しながら，他の専門職と協働していくためには，基本的で医学的な知識や医療機関で勤める他の専門職との連携について学ぶ必要がある。その一方，心理職の働く場は医療現場にとどまらず，保健所や市区町村の保健センター，また産業保健領域などで幅広く活動を行うことも期待されている。本章では，医療と健康を中心テーマとして，心理職として他の専門職と連携するうえで必要とされることや，今後学ぶべき課題について理解していく。

1　ストレス反応とその影響

「ストレス」という言葉をきくとどのような連想をするだろうか。本来，ストレスには，重みがかかったときに起こる物理的な圧力の意味があり，もともとは物理学用語であった（菅・十一・桜庭，2005）。しかし，現代の日本では「ストレスで胃が痛くなる」「テストのことを考えるとストレスで気分が憂鬱だ」などといった意味で使用されることのほうが多いのではないだろうか。これは，ストレスが人の心身の健康に影響を与えることを示している。

1-1　ストレッサーとストレス反応
心理学的には，ストレスを引き起こす刺激を「**ストレッサー**」といい，スト

レッサーによって引き起こされる反応を「**ストレス反応（応答）**」という。つまり，一般にいわれているストレスとは，「ストレッサーとストレス反応」の両者をさしている。そして，じつに様々なものがストレッサーとなる。たとえば，暑さや寒さ，光の眩しさ，また，先ほどの例に挙げた，学校でのテストもストレッサーとなるのである。学校でのテストの例では，次のように疑問をもつ人もいるであろう。しっかりと勉強をしてよい点数を取れるならば，テストがストレスとはならない人もいるのではないか。たしかにそのとおりであり，ストレッサーになりうる刺激があったとしても，脅威と対処の可能性をどのように「評価」するかで人々の反応は異なるのである。

1-2　ストレス反応の生理学と人体への影響

　ストレスでお腹が痛くなるという経験をしたことのある人もいるだろう。このような例からもストレスが人体にも影響を及ぼすことを容易に想像することができる。では人体の中では，具体的にどのような生理的反応が起きているのだろうか。

　ストレッサーは神経回路に作用し，脳下垂体前葉からの副腎皮質刺激ホルモン（ACTH）の放出を刺激する。それは副腎皮質からのグルココルチコイド（抗炎症作用と血糖値の上昇作用をもつ）放出の引き金となる。また，ストレッサーは交感神経系も活性化し，それによって副腎髄質から放出されるエピネフリンとノルエピネフリン（この二つは心拍数や血圧を上げる等の作用をもつ）の量が増加し，闘争逃走反応を引き起こす（図12-1）。

　セリエ（Selye, H.）は，1950年代に脳下垂体前葉—副腎皮質系の役割を中心にはじめてストレス反応を説明し，短期間では，ストレッサーに対する動物の反応を助ける適当な変化（エネルギー資源の動員，炎症の抑制，感染の阻害）を

→ 1　闘争逃走反応：戦うか逃げるか反応ともいわれる。生体が捕食者に出会うなどの脅威を感じる緊急事態に直面したとき，交感神経系の活動亢進と副腎からのアドレナリン等のホルモンの分泌を増加させて，その場から逃げたり，敵と戦ったりする行動に備える生理的反応のこと。

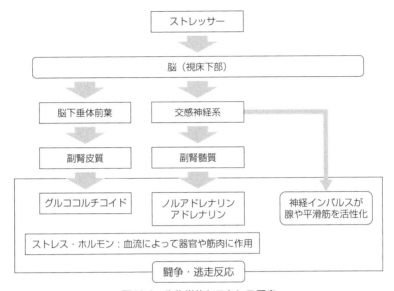

図 12-1　生物学的なストレス反応
（出所）Pinel（2003　佐藤・泉井・若林・飛鳥井訳　2005）を参考に作成

生じさせるが，長期的には有害な変化が生じることを指摘した（Pinel, 2003）。つまり，人体の生理的反応は，ストレスに対抗する反応であるが，その状態が長続きすると人体の健康を害する可能性があるのである。

2　医療現場における他職種との連携・協働と制度

　医療現場において働くうえでは，他の医療関係職種の役割を理解し，ともに働いていかなければならない。たとえば，日本心身医学会の認定医療心理士では，表 12-1 に示すような法制度の理解を含めたカリキュラムが示されている（松田，2019）。本節では，心理職が連携や協働を行ううえで学びを深めていかなければならない基本的概念や法律について触れていく。

2-1　生物─心理─社会モデル
　生物─心理─社会モデル（biopsychosocial model）は，エンゲル（Engel,

表 12-1　認定医療心理士に求められる医学・医療の知識

1 ）本邦の医療制度・医療機関のシステム
2 ）衛生学・公衆衛生学などの予防医学的知識
3 ）基本的な病態・疾病に関する臨床医学的知識（薬物療法を含む）
4 ）患者との接し方
5 ）チーム医療のあり方
6 ）治療者としての倫理
7 ）心理学的諸検査
8 ）健康保険で認められている心身医学療法
　　（交流分析，自律訓練法，行動療法など）

（出所）松田（2019）

1977）によって提唱されたモデルである。これは，人間を生物学的側面ばかり
からとらえるのではなく，文字通り，生物学的・心理学的・社会学的な側面か
らとらえることで，全人的に人間を理解し，臨床的・研究的にアプローチして
いこうとする試みである。このモデルはたんなる医学的なモデルにとどまらず，
臨床心理学においても参照するべきモデルとなっている（高橋，2015）。

　たとえば，うつ病への治療的なアプローチにおいては，抗うつ薬が有効であ
ることが知られているが，これは脳内の神経伝達物質に作用するので，生物学
的なアプローチといえる。しかし，心理的なアプローチから行われる認知行動
療法などの心理療法も同じくうつ病には有効である。また，うつ病による休職
者に行われる職場復帰訓練などでのソーシャルスキル訓練や，うつ病をもつ患
者の家族に対して心の病気の治療について正しい知識をもち，支援の方法や社
会資源についての情報を得るために行われる家族教室（家族会）や，ソーシャ
ルワーク的な支援によって職場復帰の際の環境調整を行う場合などクライエン
トを取り巻く社会的側面からの支援も重要である。つまり生物―心理―社会モ
デルは，図 12-2 に示すように，それぞれの専門職が役割を理解するうえでも
役に立つ。

　それぞれがうつ病の回復にとって有効であることは，多くの研究や臨床実践
において明らかである。そのように考えると，心理療法や社会的側面からの支
援が脳（生物学的側面）に作用すると考えられ，また，服薬を行うことで社会
的な機能や心理的な側面にもよい効果をもたらすわけである。このように，他

の専門職との連携において，生物
―心理―社会的なモデルから心理
職自らの役割や立場を理解してい
くことも重要である。また，クラ
イエントに対するアセスメントの
視点としても重要である。つまり，
このモデルによって生物学的要因
（疾病の特徴，遺伝が関与する障害
の有無，既往歴など），心理学的要
因（パーソナリティ，生育歴など），
社会学的要因（職場環境，家庭環

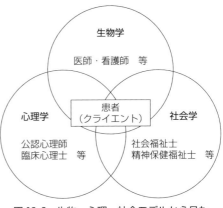

図 12-2　生物―心理―社会モデルから見た
専門職の協働イメージ

境，経済的状況など）の相互作用からクライエントの理解を深めていくことも
可能である。

2-2　医療にまつわる様々な法律

　医療現場では，多くの医療関連従事者が働いている。そして，公認心理師が
公認心理師法によって役割が示されているのと同様，医師ならば医師法，看護
師や保健師，助産師ならば保健師助産師看護師法，社会福祉士ならば社会福祉
士及び介護福祉士法，精神保健福祉士ならば精神保健福祉士法でその役割が示
されている。その他の医療従事者も含め，連携を行ううえで一度，法律で示さ
れている役割についても理解をしておくことが必要である。

　また，病院・診療所などの医療機関そのものも運営などについて法律のうえ
で規定されている。たとえば，**医療法**などは，病院・診療所・助産所の開設・
管理・整備の方法などが定められ，日本の医療制度を支えている。

　また，国民にとっても心身の健康に関連する制度がある。たとえば健康増進
法では，国民の健康の増進について定められており，「国民は，健康な生活習
慣の重要性に対する関心と理解を深め，生涯にわたって，自らの健康状態を自
覚するとともに，健康の増進に努めなければならない。」（第 2 条）とされている。

　また，精神障害者に関連する法律としては，**精神保健福祉法**（正式名称：精神保健及び精神障害者福祉に関する法律）がある。ここでは，精神障害者の医療および保護，精神障害者の社会復帰の促進，自立と社会経済活動への参加の促進，精神疾患の発生の予防や，国民の精神的健康の保持および増進などについて定められている。心理職として働くうえで精神保健福祉法の中の「**医療保護入院**」（精神保健福祉法第33条）や「措置入院」（精神保健福祉法第29条）の違い，「処遇」の行動制限（精神保健福祉法第36条第1項）についてとくに理解をしておく必要がある。その他，**医療観察法**（心神喪失等の状態で重大な他害行為を行った者の医療及び観察等に関する法律），**地域保健法**，**医療保険制度**についても学習することが望ましい。

2-3　インフォームド・コンセント

　医師が患者に何らかの処置を行うときに，かつては医師の判断と裁量によって行われ，患者は十分な理解をしなくとも処置が行われてきた。しかし，現代では，医師の処置の適切さや処置を行う際のメリットやデメリットなどを患者自らも理解し，治療方針などに同意したうえで，処置する権限を医師に付託することが必要とされており，このことを「**インフォームド・コンセント**」という。

　心理職であっても，心理検査，心理療法などを行う際に患者（クライエント）へのインフォームド・コンセントを行い，患者（クライエント）の理解を十分に得ることが望ましいといえる。「インフォームド・コンセントを行う」や「インフォームド・コンセントを得る」などの言い方から，医療従事者が主体のようになりがちではあるが，インフォームド・コンセントは，本来，患者やクライエントのために行うものだということを念頭におく必要がある（村岡，

➡ 2　医療保護入院：精神障害者の医療および保護のため入院が必要であるが，本人より同意が得られない場合，精神保健指定医による診察と家族などの同意にもとづいて，本人の意思によらず精神科病院に非自発的に入院させる制度のこと。

➡ 3　措置入院：自傷・他害の恐れがある精神障害者を都道府県知事の権限で精神科病院に入院させる制度を措置入院という。

2019）。

3　活躍が期待される医療現場

　心理学は，医療に対して様々な貢献を行ってきている。一つは，「人間理解」に関する理論や評価手法にもとづく取り組みである。これは心理アセスメントが代表的なものといえる。二つめの貢献は，「患者が抱える心理社会的問題の解決に向けた臨床心理学的取り組み」である。これは，カウンセリングや心理療法などが該当するといえる。そして，三つめの貢献としては「チーム医療」への貢献である。医師や看護師などの医療関係者は，疾病そのものに対する助言や指導などは得意とするが，患者自身の抱える個々の心理的苦痛に対して，日常的対応はできるものの，適切なメンタルケアをすることは難しい。それゆえ，その分野の専門家である心理職がチーム医療に参画することで，適切に対応することで貢献ができるといえる（鈴木，2008）。

3-1　様々な医療現場

　心理職が活躍する医療現場は標榜科や施設，専門領域ごとに求められるスキルも異なってくる。たとえば，標榜科は同じである精神科であっても，精神科病院で働く場合と，精神科診療所（クリニック）で働く場合には，主となる患者も異なる。そして，主に使用する検査も異なるのである。

　また，小児を対象とした心理職でも，産婦人科，NICT（新生児集中治療室）の施設があるか，母子への心理的ケアをするかどうかでも期待される役割は異なる。小児科の外来であれば，不登校や発達障害に対応していく知識と経験が必要とされる。また，心療内科であれば身体症状症および関連症群（以前の身体表現性疾患）の患者に対応する機会が多くあるだろう。また，神経科（リハビリテーション領域）であれば，高次脳機能障害をもつ患者と接し，神経学的心理検査を使用することもある。認知リハビリテーションや高度な神経科学的な知識も求められるだろう。医療観察法指定医療機関で働く場合には，対象者

が触法精神障害者であるため医療観察法について十分理解したうえで，専門性を発揮しなくてはならない。したがって心理職は，生涯にわたり自らの専門領域について研鑽を積んでいく必要性がある。

3-2　保健活動

　公認心理師法の目的では「第一条　この法律は，公認心理師の資格を定めて，その業務の適正を図り，もって国民の心の健康の保持増進に寄与する」ことを掲げている。つまり心理職の仕事は，個別の心理相談のみならず，地域の住民や職場などのコミュニティにおける保健活動も重要な仕事となる。

　心理職の保健活動の一つとして，国で定められた**ストレスチェック制度**がある。厚生労働省は，2006（平成18）年に「労働者の心の健康保持増進のための指針」を公表し，事業所におけるメンタルヘルスケアの実施を促進してきたが，仕事上のストレスが原因で精神障害を発病し，労災認定される労働者は増加傾向となっている（坂本，2015）。

　そこで労働安全衛生法を改正し，2014（平成26）年に「ストレスチェック及び，その結果に基づく面接の実施等」を内容としたストレスチェック制度が創設された（第11章も参照）。制度が施行された2015（平成27）年では，ストレスチェック実施者は「医師，保健師又は厚生労働大臣が定める研修を修了した看護師若しくは精神保健福祉士」であったが，2018（平成30）年8月に労働安全衛生規則の一部が改正され，必要な研修を修了した公認心理師が加わった（厚生労働省，2018）。

　この制度は，労働者のストレスの程度を把握し，労働者自身のストレスへの気づきを促すとともに，職場改善につなげ，働きやすい職場づくりを進めるというメンタルヘルスの一次予防を目的としたものになっている。

　この**一次予防**とは「メンタルヘルス不調となることを未然に防止する」ことであり，**二次予防**は「メンタルヘルス不調者を早期に発見して適切な対応を行うこと」，**三次予防**の場合には「メンタルヘルス不調となった労働者の職場復帰を支援する」ことをさす。ストレスで不調となる可能性がある高ストレス者

に対しては，一次予防としてリラクゼーション法も含めたストレス状態を適度なものへとコントロールする「**ストレスマネジメント**」の指導も有効である。

3-3　自殺予防

　このように制度が改正されてきた別の背景には，日本国内の自殺者数がある。未だに国内の自殺者数は 2 万人を超しており非常に深刻な問題である。松本（2015）によれば，国民のおよそ 2 割は真剣に自殺を考えたことがあるとされる。そしてここから実際に自殺願望を行動に移す過程には，死に対する恐怖感を減弱させ，自傷や痛みに慣れていくプロセスがあるとされる（松本，2015）。松本は，こうした自殺に向かうプロセスから得られた能力を「獲得された自殺潜在能力」と呼び，自殺願望に自殺潜在能力が加わるときに自殺が行動化されるという。

　自殺願望に関しては，社会的孤立といった「所属感の減弱」と自分がいないほうが周囲は幸せであるといった「負担感の知覚」が重なることで生じるという。

　したがって自殺願望をもった人々に対する，自殺を防止する効果的な介入は「所属感の減弱」に働きかけること，つまり他者とのつながりをもっている感覚（つながりの水準）を高めることであるとされている（松本，2015）。

　近年では自殺原因の多くを占める心の病を早期に見つけるため，かかりつけ医や精神科医らがタッグを組む福岡県久留米市の取り組みが注目されている（日経新聞，2019）。この「久留米式」といわれるシステムでは，かかりつけ医と精神科医をつなぐ触媒役として，精神保健福祉士（精神科ソーシャルワーカー：PSW）の存在がある。そこでは，すべての医療機関に PSW を派遣し，患者の状況や精神科への紹介の必要性などについてヒアリングを重ね，関係者間のスムーズな連携を実現させている。また，市は専門家だけでなく一般市民が“命の門番”になれるよう「ゲートキーパー養成講座」にも取り組んでいる。この取り組みの結果，久留米市は全国や県の平均より自殺率を低く抑えられている。今後は心理職もアセスメントなどの専門性を活かしつつ，自殺防止のた

めの活動への連携や心理教育の面での積極的な参加を行うことが期待される。

4　PTSD に必要な心理的支援

4-1　サイコロジカル・ファーストエイド（心理学的応急処置：PFA）

　災害時などの危機的な状況においてはその対応は，心理学の専門家だけに限らず，そのコミュニティに属する人々や，ボランティアスタッフによっても行われる。このような災害や事故，対人暴力を経験した人々への対応の指針として，WHO（世界保健機関）が作成した「**サイコロジカル・ファーストエイド（心理学的応急処置）**」がある（World Health Organization, War Trauma Foundation and World Vision International, 2011 国立精神・神経医療研究センター訳 2012）。

　サイコロジカル・ファーストエイドとは，危機的出来事に見舞われた人に対して行う，人道的，支持的，かつ実際的な支援のことである。心理的という言葉を使用しているが，心理的支援だけではなく，受益者のニーズに沿った現実的状況を踏まえた社会的支援を重視している。したがって，支援する主体も医療関係者のみならず，NGO や NPO やボランティア関係者も想定しており，支援にかかわる多くの立場の人々が利用できる内容となっている。

　また，災害支援のときには，支援者自身が精神的な負担から疲弊する場合もあることから，サイコロジカル・ファーストエイドでは，**支援者の立場となる自分自身や同僚に対する配慮**についても記載されている。

4-2　心的外傷後ストレス障害（PTSD）への対応

　PTSD は心的外傷後ストレス障害ともいわれ，ショック体験や事件，事故，災害の体験が原因となる。症状としては，ビクビクしたり，驚きやすくなっていたりとつねに緊張が続いている「**過覚醒症状**」や，辛い記憶が突然蘇るフラッシュバックや悪夢などの「**再体験（侵入）症状**」，事件や事故などが起きた辛い場面や場所を避ける**回避症状**，さらに否定的な認知，興味や関心の喪失，

表12-2 トラウマ処理の技法

トップダウン方式 （認知的側面からの働きかけが主となる）	ボトムアップ方式 （身体的側面からの働きかけが主となる）
STAIR-NT 　（感情および対人関係調整スキルトレーニング- 　ナラティブ療法）	バルサーを用いた EMDR 簡易版トラウマ処理
PTSD の認知行動療法	ブレインスポッティング
Narrative Exposure 　（ナラティブによる暴露法）	ホログラフィートーク
Brief Eclectic Psychotherapy for PTSD 　（PTSD に対する短期折衷精神療法）	自我状態療法
Cognitive Processing Therapy 　（認知処理療法）	ソマティック・エクスペリエンシング（SE）
EMDR 　眼球運動による脱感作と再処理法 　（注：ボトムアップ方式に分類されることもあ 　る。）	ボディコネクトセラピー
	思考場療法（TFT）

（出所）杉山（2019）を参考に作成

　周囲との疎隔感や孤立感を感じて，幸福感や愛情といった感情（陽性感情）が
もてなくなる「認知と気分の陰性変化」という特徴をもつ。
　DSM-IV では，**トラウマ（心的外傷）**的な出来事の直接的な体験や目撃が診
断基準の一つであったが，2013年に改訂された DSM-5 からは身近な人から心
的外傷的出来事を耳にすることによっても PTSD との診断が可能となった。
また，6歳以前とそれ以降では，同じ診断基準では十分にとらえきれないこと
から，別々の基準が設けられるなどの変更がなされた。また，2018年に公表さ
れた ICD-11 からは，トラウマ的なストレスに長期間，または反復的にさらさ

➡ **4**　DSM と ICD：DSM はアメリカ精神医学会が出版元となっている，精神疾患の
　　診断基準・診断分類のこと。正式名称は「精神疾患の診断・統計マニュアル
　　（Diagnostic and Statistical Manual of Mental Disorders）」といい，その頭文字を
　　略して DSM と呼ばれる。現在は改訂第5版となっており，DSM-5 と標記される。
　　　ICD は，WHO（世界保健機関）が作成している国際的に統一した基準で疾病や
　　死因を分類したもので，精神障害に限らず網羅的に疾病を分類している。正式名称
　　は「疾病及び関連保健問題の国際統計分類」（International Statistical Classification
　　of Diseases and Related Health Problems）であり，ICD と略して呼ばれる。2018
　　年に約30年ぶりに改訂されて，現在第11改訂版である ICD-11 が公表されている。

れることが原因となる「**複雑性 PTSD**」という診断も採用される。これは，再体験，回避，過覚醒という三つの症状に，**気分変動**と**他者との関係性の障害**，および**自己概念の障害**が加わる。

　こうした PTSD に対しては，薬物療法や一般的なカウンセリングでの対応の他に，PTSD に対応した様々な心理療法が誕生している（表 12-2）（第15章も参照）。ヴァン・デア・コーク（van der Kolk, 2014 柴田訳 2016）や杉山（2019）によれば，認知行動療法を中心とするような PTSD の心理療法を**トップダウン方式**と呼び，一方，眼球運動や経絡のタッピング（軽くたたく）などの身体的な側面から働きかけを行う心理療法を**ボトムアップ方式**と呼んでいる。ボトムアップの心理療法は，トラウマを脳で処理することによって，受け入れ可能な記憶への変容や新たな気づきを促す。いずれの技法も高度な知識と技術の習得が必要となるために十分な研鑽を積んでいく必要がある。

❖考えてみよう
　①今後自分が生活するうえで，もっともストレスとなる出来事とはどんなことがあるだろうか。そして，そのときにどのようになってしまうのか考えてみよう。
　②事故にあった人が PTSD になった場合と，子どものころから虐待を受けて育った人の PTSD について，どのような違いがあるのか考えてみよう。

📖もっと深く，広く学びたい人への文献紹介
松本　俊彦（2015）．もしも「死にたい」と言われたら──自殺リスクの評価と対応──　中外医薬社
　☞自殺に関する研究と実践的側面について平易に書かれている。
杉山　登志郎（2019）．発達性トラウマ障害と複雑性 PTSD の治療　誠信書房
　☞複雑性 PTSD の理解と対応について専門的な見解が述べられている。

引用文献
Engel, G. (1977). The need for a new medical model: A challenge for biomedicine. *Science*, *196*(4286), 129-136.
厚生労働省（2018）．労働安全衛生規則の一部を改正する省令を公布・施行しました　https://www.mhlw.go.jp/stf/newpage_00760.html（2019年 5 月 4 日閲覧）

松田　史帆（2019）．医療現場における心理士の業務と役割──精神科クリニックの勤務から── 心身医学，*59*(2)，125-129.

松本　俊彦（2015）．もしも「死にたい」と言われたら──自殺リスクの評価と対応── 中外医薬社

村岡潔（2019）．医師の裁量権と患者の自己決定権 (3)違法性阻却とインフォームド・コンセント 保健医療技術学部論集，*13*，25-35.

日本経済新聞（2019.1.29）．心の病「久留米式」で発見──自殺対策町ぐるみ連携── 日本経済新聞電子版

Pinel, J. (2003). *Biopsychology* (5 ed.). Hoboken, NJ: Pearson.
　　（ピネル，J.　佐藤　敬・泉井　亮・若林　孝一・飛鳥井　望（訳）（2005）．ピネル：バイオサイコロジー──脳─心と行動の神経科学── 西村書店）

坂本　直紀（2015）．ストレスチェック制度導入と実施後の実務がわかる本 日本実業出版社

菅　佐和子・十一　元三・櫻庭　繁（2005）．健康心理学（京大人気講義シリーズ） 丸善

杉山　登志郎（2019）．発達性トラウマ障害と複雑性 PTSD の治療 誠信書房

鈴木　伸一（編著）（2008）．医療心理学の新展開──チーム医療に活かす心理学の最前線── 北大路書房

高橋　美保（2015）．生物・心理・社会モデルと心理職のスキルアップ（特集 シリーズ・今これからの心理職 (6)これだけは知っておきたい スキルアップのための心理職スタンダード） 臨床心理学，*15*(6)，746-750.

van der Kolk, B. (2014). *The body keeps the score: Brain, mind, and body in the healing of trauma.* New York: Viking.
　　（ヴァン・デア・コーク，B.　柴田　裕之（訳）（2016）．身体はトラウマを記録する──脳・心・体のつながりと回復のための手法── 紀伊國屋書店）

World Health Organization, War Trauma Foundation and World Vision International (2011). *Psychological first aid: Guide for field workers.* Geneva: WHO.
　　（(独) 国立精神・神経医療研究センター，ケア・宮城，公益財団法人プラン・ジャパン（訳）（2012）．心理的応急処置（サイコロジカル・ファーストエイド：PFA）フィールド・ガイド）

第13章　家族と福祉
──育ち暮らす場への心理的援助

藤 岡 大 輔

　家族は多くの人が生涯の中で経験する最小の生活単位であり，家族の間で体験することはその後の人生を方向づけるインパクトをもちうる。子どもに限らず，親や祖父母世代もまた家族との関係性の中で生涯発達という道筋をたどることになる。近年，家庭の機能が低下しているともいわれ，児童虐待や老人介護など家族に関連する問題が大きく取り上げられている。また，社会構造の変化にともなって格差が拡大した社会にあっては，ひとたび家族が機能不全に陥れば生活の基盤が失われるおそれがある。セーフティネットとしての福祉サービスが期待されるところである。

　本章では，生活の場であり育ちを支える場である家族の現状と問題について概観し，福祉サービスが支援する家族の諸問題と福祉領域における心理的支援の実際について述べていく。

1　集団としての家族

1-1　家族の定義

　『広辞苑（第7版）』によれば**家族**とは「夫婦の配偶関係や親子・兄弟などの血縁関係によって結ばれた親族関係を基礎にして成立する小集団。社会構成の基本単位。」とされている。つまり家族は，一般的には一組のパートナーが**結婚**という制度により公的に認められ**夫婦関係**をつくること，もしくは出産による血縁関係の発生によって成立するものと考えられている。家族の形態を考慮するときのポイントは，制度としての婚姻関係，出産による血縁関係，これに

表 13-1 結婚経験のある女性が考える家族として重要なこと

項目	重要だと考える割合
困ったときに助け合う	96.1%
精神的なきずながある	91.3%
互いにありのままでいられる	88.7%
血のつながりがある	82.2%
日常生活を共にする	73.5%
経済的なつながりがある	62.4%

（出所）第 5 回全国家庭動向調査より抜粋

同居による生活実態が加わるだろうか。あらためて家族を定義づけようとすると，離婚・再婚や養子縁組など多様な形があり，思いのほか簡単ではないことがわかる。

家族の定義について上野（1994）は「家族同一性（ファミリー・アイデンティティ）」という概念を提唱した。上野は家族を構成するレベルには「現実」と「意識」があると述べた。居住の別が家族の成立の条件の一つではあるが，必ずしも「現実」は一致せず，一緒に住まなくとも家族という「意識」をもつ場合がある。つまり，家族であるかどうかの分かれ目としては家族の意識をもつことが重要で，その違いを決める権限は個々人がもっているとした。

2013年に実施された第 5 回全国家庭動向調査（国立社会保障・人口問題研究所）では「世帯の中で結婚している，あるいは結婚経験のある女性」を対象に家族に関連する意識調査が実施された。「家族であるための要件」に関する質問項目について表13-1のような結果が得られた。

血縁関係，同居の有無，経済的な事情といった客観的・物理的なことよりも精神的な安心感に関連すること（「困ったときに助け合う」「精神的なきずながある」「互いにありのままでいられる」）が上位を占めている。これは女性の側からの認識で，他の家族成員からの見方はまた違ったものになる可能性はあるが，一つの現実を表したデータとして興味深い。

1-2 家族の機能

現代の家族においては，晩婚化，非婚化，離婚，少子化などがマスメディアを通じてさかんに取り上げられている。社会保障の問題を考えると人口減少への危機意識は高まるが，家族の歴史を振り返ると家族はその時代における社会

の様相に合わせてその機能を変化させてきた。小田切（2017）は，家族が果たす機能として以下の三つを挙げている。

①生活の保護

　家族のもっとも基本的かつ重要な役割として，それぞれの成員の生活を守り，衣食住を保障する機能がある。

②子どもに社会的な役割を伝える

　子どもは養育者によるしつけを通じて，起床，就寝，生活上の知識や文化的な慣習，ルールなどを身につけていく。こうした知識やスキルはスムーズに社会生活を送るために必要なものであり，家族はしつけを通じて，子どもに文化を継承していくという機能を果たしている。

③情緒的な安定

　親も子どももそれぞれが学校や会社などで社会生活を送り，その疲れを家族という安心できる場において癒すことができる。子どもは安定した**家族の情緒的風土**の中で安心できる体験を積み重ねるが，親もまた子どもとの関係性の中で親であることの意義を感じ，社会生活に向きあうための活力を得る。

　上記三つの機能はどの時代にも共通するものであるが，現代に目を向けると社会構造の変化によって家族の機能は弱体化してきているとの指摘がある。

　中釜他（2008）は家族の機能について，「産業化の進んだ社会では，家族でなければ果たせない機能がどんどん目減りする傾向にある」と述べ，家族の様々な機能が外注化され，ケアの授受や温かい人間関係のみに存在意義を依存する，脆弱な集団となりつつあると指摘した。

　昨今の**少子高齢化**や非婚，晩婚に関する様々なデータを見れば，家族が存在している意義や，家族の行く末について憂慮すべきことは多い。しかし，柏木（2003）は現代における家族の混乱や逸脱について，新しいものへの移行期に生じるもので，混乱や逸脱と見られているものはあるところで収束すると述べている。そして，家族はその社会から影響を受け，環境に最適なかたちと機能に定着し，変化していくであろうと主張している。

1-3　システムとしての家族

　家族心理学においては，一般システム理論の影響を受け，家族は一つのまとまりをもったシステムとして理解される（**家族システム論**）。すなわち，家族を構成するメンバーがお互いに影響し合って一つのシステムをなし，バランスをとりながら成り立っていると考えられている。

　一般システム理論によれば，システムには開放システムと閉鎖システムの2種類がある。周囲の環境と情報のやりとりや物理的な行き来のある家族システムは開放システムに分類される。環境とのやりとりがあるゆえに個々の家族を理解するためには社会を含めた環境の文脈を視野に入れる必要がある。

　家族システムはさらに小さな単位のいくつかのサブシステム（夫婦，きょうだい，性別など）から構成されている。サブシステムはさらに小さなサブシステムから構成され，全体のシステムを見たときに何次元かの階層構造になっている。

　ある原因から必ずある結果が導かれるという一方向性の原因─結果のつながりを直線的因果律というが，家族において生じた出来事は家族の成員がお互いに影響を及ぼし合った結果であり直線的にとらえることは難しい。つまり，家族内の出来事は一つの結果ではあるが，さらに何かの原因にもなりうる。原因と結果は相互に循環し入れ替わっていく（円環的因果律）。

　たとえば，子どもが不登校になってしまうという問題が発生したときに，子どもに何かの問題があると直線的に考える（直線的因果律）のではなく，子どもの行動に影響した父母の養育態度やきょうだいとの関係性など，家族の全員が関与する問題の表出として不登校をとらえる（円環的因果律）必要がある。

2　福祉における家族の諸問題

2-1　子どもの貧困

　貧困に関する問題は戦後「浮浪児」の問題として取り上げられたが，高度成長期（1950年代後半）以降は社会的関心が低下し，子どもに関連する問題は

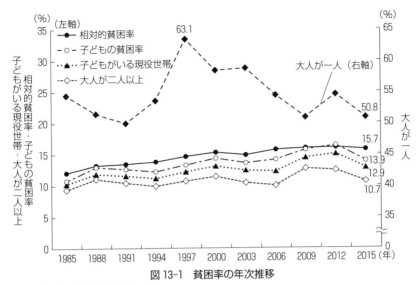

図13-1　貧困率の年次推移

（出所）厚生労働省（2016）

「豊かさのひずみ」として議論される傾向があった。2008年ごろから就学援助受給世帯の増加や給食費の滞納が問題として注目を集めるようになったこと，OECD加盟国と貧困率の比較がされるようになったことなどがきっかけとなり，子どもの貧困が再び注目を集めるようになった（松本，2016）。

　2015年に実施された国民生活基礎調査（図13-1）によれば，子どもの貧困率（17歳以下の子どものうち貧困世帯で暮らす子どもの割合）は13.9％であり，これはOECD加盟国の中でも7番目に高い水準となっている。さらにひとり親家庭に限ると貧困率は50.8％となり，「二人に一人」は貧困ということになる。

　子どもの貧困について，小西（2016）は「子どもが経済的困窮の状態に置かれ，発達の諸段階におけるさまざまな機会が奪われた結果，人生全体に影響をもたらすほどの深刻な不利を負ってしまうこと」と述べている。貧困には「相対的貧困」と「絶対的貧困」がある。絶対的な貧困とは生きるために必要な栄

➡ 1　貧困世帯：相対的貧困に当てはまる世帯のこと。相対的貧困の定義は国民の所得
　　の中央値（所得の低い額から順番に並べたときにちょうど真ん中の数値）の半分未
　　満の所得しかない状態をさす。

養を摂取することができない状態のことをいう。これに対して相対的貧困とはその社会の一員として生活をするときに必要とされる経済的な資源が得られない状態のことをいう。社会や時代によって生活水準は変化するため，その変化に応じた「相対的」な基準が用いられるが周囲からは見えにくいという特徴がある。相対的貧困にある家庭の子は「お金がないから修学旅行に参加できない」「経済的な理由から進学を諦めざるを得ない」など，社会経験を積む機会が少なくなり，進学・就職の選択肢（ライフチャンス）が限定されたものになりがちである。子どもの貧困は長期化・固定化しやすく，最終的には次の世代にまで引き継がれ「貧困の世代間再生産」が生じることになる。末富（2017）は貧困世帯の子どもが高卒で働くことが多く，進路選択が制限されがちな現実を踏まえ，どの子どもにも「自分を大切にし，自分らしい選択」を保障することが本当の意味での教育の機会均等であると述べている。

2-2 児童虐待

近年，**児童虐待**に関する痛ましい事件が立てつづけに報道されている。幼い子どもが犠牲となる事件のインパクトは強く，社会的な関心が高まっている。2017年の厚生労働省の統計では，全国の児童相談所が対応している相談件数は133,778件（速報値）で，この数字は毎年のように過去最多を更新しつづけている（図13-2）。こうした状況に対応するため国は児童相談所職員の増員を打ち出し，警察との連携を強化するなど，制度やシステムの改変に乗り出してい

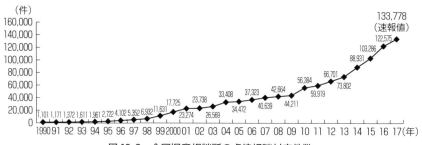

図 13-2　全国児童相談所の虐待相談対応件数

（出所）厚生労働省子ども家庭局（2018）

表 13-2　児童虐待の定義

身体的虐待	殴る，蹴る，投げ落とす，激しく揺さぶる，やけどを負わせる，溺れさせる，首を絞める，縄などにより一室に拘束する　など
性的虐待	子どもへの性的行為，性的行為を見せる，性器を触る又は触らせる，ポルノグラフィの被写体にする　など
ネグレクト	家に閉じ込める，食事を与えない，ひどく不潔にする，自動車の中に放置する，重い病気になっても病院に連れて行かない　など
心理的虐待	言葉による脅し，無視，きょうだい間での差別的扱い，子どもの目の前で家族に対して暴力をふるう（ドメスティック・バイオレンス：DV）　など

（出所）厚生労働省「児童虐待の定義と現状」

る。

　児童虐待には**身体的虐待，性的虐待，ネグレクト，心理的虐待**の4種類（表13-2）がある。2004年に児童虐待防止法が改正され**夫婦間暴力**（DV；Domestic Violence, IPV；Intimate Partner Violence）を目撃した場合（面前DV）も心理的虐待に含まれると定義づけられたことにより，2017年の統計では心理的虐待が通告件数の半数以上（54.0％）を占めるまでに増加した（厚生労働省，2018）。また，同年の調査データによれば虐待通告の経路は警察からの通告が最多の49.0％となっている。近年の警察との連携強化が一つのトピックとなっているが，具体的な数値として反映されている。

　虐待が子どもに及ぼす影響は広範囲にわたる。人との間で傷ついた体験により**アタッチメントの形成は阻害**され，人と過ごすことへの不安から関係をうまく結べずに孤立感を強めることになる。日常生活において細やかなケアを受けた体験は乏しく，**基本的生活習慣**は身についていない。気持ちをなだめてもらった体験が乏しいため感情の高ぶりを抑えることが難しい（**衝動制御困難，感情調節困難**）。過酷な生活体験を意識から閉め出し，それにともなう感情を切り離して（**解離**）やり過ごすこともあれば，衝撃的な体験に圧倒され**心的外傷後ストレス障害**（PTSD）（第12章も参照）の状態になることもある。

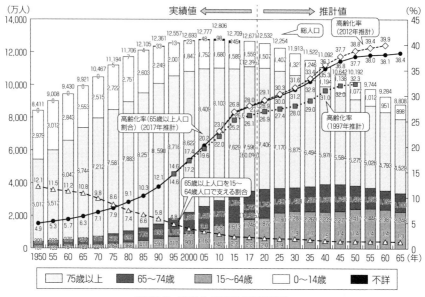

図 13-3　高齢化の推移の将来推計

（出所）内閣府（2018）

2-3　高齢者の介護

　日本は世界に類がないほどの早さで超高齢社会（65歳以上の高齢者が占める割合が21％）を迎えており，2017年には総人口の4人に1人（高齢化率27.7％），2025年には3人に1人（30.0％）が高齢者になるとされている。

　ライフサイクルにおける一つの発達段階として老年期を迎えたとき，老年期に特有の課題がある。加齢による身体機能や認知能力の低下は避けようのない現実として立ち現れ，この状況をどのように受け止めるのかという問題は多くの人が向き合う発達課題の一つとして位置づけられる。そして，徐々に支援をする側から支援を受ける側へと役割が交代していく現実を受け入れつつ，自尊感情をどう維持していくのかという課題がある。いずれにしても老年期には自己像の変革が必要となり，これまでの人生における意味の振り返りが行われる。

　また，高齢者の家族にとっても，自身の親との変化する関係性に適応し，自分の親世代とどのように向き合うのかが一つのテーマとなる。それまでの親子

関係の中で積み残された課題が形を変えて再燃する場合もあり，年老いた親のケアを担うことは大きな葛藤となりうる。介護によるストレスから「介護うつ」といった状態になることもあり，さらには**高齢者虐待**に至るケースもある。

3　育ち暮らす場への心理的援助

3-1　家族への心理的援助

　家族への心理的援助の方法論に家族療法がある。家族療法について中村（2017）は「個人の問題ではなく『関係』の問題として問題を定義し直し，家族の変化への資源を最大限に引き出し，家族関係を変化させ，症状や問題行動を消去したり軽減したりする心理療法」と述べている。

　一対一で行われる個人の心理臨床ではその個人の内面における問題を扱うが，家族療法においては，人間関係の中で生じる不自由を出発点に家族のメンバーの中で起こっている関係性のねじれや反目を扱う。家族の間では，言いたいことが言えなかったり反対に言い過ぎたりすることが往々にして起こりがちであるが，家族の関係性の整理や再編をすることによってよりスムーズな相互交流の維持を目的とする。

　家族療法にはいくつかの理論モデルがあるが，それぞれに共通する基本的な技法として「ジョイニング」「多方面への肩入れ」「リフレーミング」がある。

　「ジョイニング」は家族のコミュニケーションスタイルや交流パターンを受け入れて自分を溶け込ませることである。セラピストが家族の動きに寄り添い，語り口調や考え方，所作を真似ることによって，セラピストを信頼し安心して変化を模索することができるようになる。「多方面への肩入れ」は家族全員の話を公平かつ共感的に聴くことによって，誰か一人に偏らない公平な関係を結ぶことをさす。これにより家族はセラピストが公平な判断をしようとしていることに信頼を寄せ，話し合いへの基盤づくりが進んでいく。「リフレーミング」とは問題や出来事に付与されている意味や文脈を違った視点から見ることによって，その問題が家族に与えている影響力を変化させようとするものである。

3-2　社会的養護における心理的援助

　社会的養護とは，「保護者の適切な養育を受けられない子どもを，公的責任で社会的に保護養育するとともに，養育に困難を抱える家庭への支援を行うもの」（厚生労働省子ども家庭局，2019）とされている。社会的養護を構成する実践機関としては，広く地域住民の相談窓口となる児童相談所をはじめとして乳児院，児童養護施設，児童心理治療施設，児童自立支援施設，母子生活支援施設などがある。社会的養護に求められているのは様々な理由から**養育困難**に陥った家族への**子育て支援**と**要保護児童**への生活支援である。施設に求められる役割として**家族支援**も行われており，**親子関係調整**をする中で**家族再統合**に向けて準備を進めていく。近年の施策として家庭的養育の推進が挙げられており，施設の小規模化や**里親**，**養子縁組**を促進させる動きがある。

　福祉の各領域の中でも児童福祉領域は，児童相談所における児童心理司や児童養護施設をはじめとする各種の施設における常勤心理職の雇用が進んでいる領域である。施設養育における心理的援助は**生活の中の治療**として，生活構造全体を治療的な環境へとマネジメントする視点が求められる。

　社会的養護における心理臨床家の役割について，滝川（2012）は以下のように述べている。

　「二者関係における傷つきの深い子どもたちに対して必要なのは網の目のようにきめ細やかな日常的なケアである。ケアの担い手であるケアワーカーのサポートをするのが心理職としての最も重要な役割であり，心理職としての専門性は子どものアセスメントによって発揮される。より的確に子どもを理解するためには多角的なアセスメントが必要であり，心理検査や個別面接のみならず，生活場面における『関与しながらの観察』，児童相談所心理職との連携によりより多くの情報を得る必要がある。転居，施設入所や措置変更等によって分断されがちな子どもの生い立ちや生活体験を少しでも詳しく知り，つながりのあるものとして再構成することに全力を尽くすことが求められる。」

　社会的養護においては**知的障害**，**身体障害**などの障害をもった子どもへの心理的支援を行うことも求められる。もともともっている特性としての一次障害

は動かしにくいものとして受け入れ（**障害受容**），**二次障害**としての自尊感情の低下とそれにともなう精神的な不調を回避するサポートが求められる。

3-3　高齢者福祉における心理的援助

　高齢者福祉分野において，心理職が配置されている現場は多くはない（老人保健施設，老人福祉施設・機関など）が，超高齢社会となった今，高齢者に対する心理的支援が求められる。高齢者福祉における心理的援助は以下の三つに分けることができる。

　①老年期において様々なことが不自由になり，それまでの自分とは違うことを受け入れるのは難しいことである。老年期にあたって自分の人生を振り返りその意味や価値を模索するのは自然なプロセスであろう。これに関して回想法という心理的アプローチが広く普及している。回想法とは共感的受容的姿勢をもって意図的に介入することを通して高齢者が歩んできた人生を振り返り，心的現実としての自分の人生を整理する方法である（黒川，2005）。

　②日常生活の中で高齢者が抱えている困難の現状について理解し，その人に固有の生活のしにくさについて具体的に対処を考えていく。とくに施設に入所する場合には丁寧に状況を確認して，不安がなるべく少なくなるような工夫を本人とともに考えることが求められる。

　③家族や周囲の支援者へのコンサルテーションを通じて，高齢者の心理状態についての見立てを共有し，援助の方針を立てる。**心理教育**的に疾病や障害の特徴について解説する必要もある。これらを通じて家族が介護の意義を感じられることが重要である。介護によって孤立しがちな家族にとっては，家族同士が自身の境遇を共有する場として家族会も助けになる。

❖考えてみよう

　虐待を体験してきた子どもたちの育ちを支えるためには，日常生活でのケアが求められる。心理職が施設の一スタッフとして日常生活における子どものケアにかかわるときには他の職種との連携が不可欠である。入所している子ども同士がトラブルになり相手に暴力を振るったときに双方の子に対して，どのような支援

が必要だろうか。また，スタッフ間においてはどのような役割分担のもとで対応
することが求められるだろうか。

もっと深く，広く学びたい人への文献紹介

中釜 洋子・野末 武義・布柴 靖枝・無籐 清子（2008）．家族心理学――家族シ
　　ステムの発達と臨床的援助――　有斐閣
　　　☞家族心理学について基礎から学ぶことができる。家族のライフサイクルが
　　　　時間軸に沿って解説され，臨床的援助はテーマごとにわかりやすくまとめ
　　　　られている。
内海 新祐（2013）．児童養護施設の心理臨床――「虐待」のその後を生きる――
　　日本評論社
　　　☞児童養護施設の生活の様子，子どもの姿，心理職としてのありようなど生
　　　　活臨床の実際が細やかに描かれている。

引用文献

柏木 恵子（2003）．家族心理学――社会変動・ジェンダーの視点――　東京大学
　　出版会
小西 祐馬（2016）．子どもの貧困を定義する　松本 伊智朗・湯澤 直美・平湯
　　真人・山野 良一・中嶋 哲彦（編著）　子どもの貧困ハンドブック（pp. 12-
　　13）　かもがわ出版
厚生労働省　児童虐待の定義と現状　https://www.mhlw.go.jp/seisakunitsuite/
　　bunya/kodomo/kodomo_kosodate/dv/about.html（2020年3月9日閲覧）
厚生労働省（2016）．国民生活基礎調査
厚生労働省子ども家庭局（2018）．平成29年度 児童相談所での児童虐待相談対応
　　件数　https://www.mhlw.go.jp/stf/houdou/0000173365_00001.html（2019年
　　11月22日閲覧）
厚生労働省子ども家庭局（2019）．社会的養護の推進に向けて
黒川 由紀子（2005）．回想法――高齢者の心理療法――　誠信書房
松本 伊智朗（2016）．子どもの貧困を考える視点①　松本 伊智朗・湯澤 直美・
　　平湯 真人・山野 良一・中嶋 哲彦（編著）　子どもの貧困ハンドブック
　　（pp. 16-18）　かもがわ出版
内閣府（2018）．高齢社会白書
中釜 洋子・野末 武義・布柴 靖枝・無籐 清子（2008）．家族心理学――家族シ
　　ステムの発達と臨床的援助――　有斐閣
中村 伸一（2017）．家族療法の基礎　小田切 紀子・野口 康彦・青木 聡（編著）
　　家族の心理――変わる家族の新しいかたち――（pp. 173-189）　金剛出版

小田切 紀子（2017）．家族の心理　金剛出版

末富 芳（2017）．子どもの貧困対策と教育支援　明石書店

滝川 一廣（2012）．施設における心理臨床　増沢 高・青木 紀久代（編著）社会的養護における生活臨床と心理臨床（pp.14-25）　福村出版

上野 千鶴子（1994）．近代家族の成立と終焉　岩波書店

第14章 障害とアセスメント
——支援につなげる理解のために

岡 田　智

　本章では，障害やアセスメントについて概説する。まず，障害の概念と種類について触れ，多様な意味をもつ「障害」の用語を ICF をベースに正しく理解する。次に，心理的援助や心理アセスメントの対象となることが多い障害について知る。そして，アセスメントを安全に，かつ有効に行うために必要な信頼性，妥当性，標準化，侵襲性の概念と，心理職がよく用いるアセスメント方法を理解する。これらのことを通じて，心理臨床現場で必要な「障害」と「アセスメント」の知識を深めていく。

1　障害とは

1-1　障害の概念

　障害者基本法（2011年）によると，**障害**とは「**身体障害，知的障害，精神障害（発達障害を含む）**その他の心身機能の障害」の総称で，「障害及び**社会的障壁**により継続的に日常生活又は社会生活に相当な制限を受ける状態」をさす。日本では，この定義に出てくる「心身機能の障害」「社会的障壁」「社会生活での制限」も包括して「障害」と表記する。「害」の字を代えて「障がい」「障碍」と表記する場合もあるが，いずれにしても日本では一般的にはざっくりと大まかにしかこの用語をとらえない。そのため，使用する人によってそのニュアンスが異なり，ときには差別的な意味合いをもって使われることがある。知的障害の用語の変遷を見てみても，「白痴・痴愚・魯鈍」などの不適切な呼称

から，精神面に乏しさがあるという意味合いの「精神薄弱」，そして，精神発達の遅れであることを表した「精神遅滞」，最近ではこれでも不正確であるとされ，知的発達や知的能力面の障害である「知的障害（知的発達障害，知的能力障害）」へと公的にも用語の変遷をたどってきた。言葉は使う者の情動や主観が入り込み，それが他者と共有されることで，固定的で微妙なニュアンスを帯びる（差別・憐れみなど）。対人援助職にある者は，用語の社会的含意にも注意を払い，そして目の前の当事者の立場に立ち，適切に言葉を使用しなくてはならないだろう。

　障害の用語について，英語表記では，disorder，disease，impairment，disability，handicap，deficit，obstacle などと多くの用語が一般的に使われている。これら一つひとつ，その意味が異なっている。たとえば，1980年に世界保健機関（WHO）が提唱した障害の概念では，機能や形態上の不全を「impairment（機能障害）」とし，それをベースに実生活で勉強，仕事，動作などうまくできないことを「disability（能力障害）」とし，さらにそれらによって引き起こされる社会的な問題を「handicap（社会的不利）」と位置づけ，障害を三つのレベルで定義した。一方で医学領域では，何か不具合がある状態を表す「disorder」の用語を用いることが多い（日本語では「○○症」と表記することが多い）。さらに，近年では英語圏では disabled child（障害児）とは表記せず，child with disability（障害のある子ども）と表記するのが通例になってきた。障害はその人の全体を修飾するのではなく，一部であるにすぎないといったニュアンスで「with〜」と表記するのである。とくに子どもの場合は診断名を自ら上手に活用することは難しく，また，制限や差別の対象になることも多い。そのため，日本語でも「自閉症のある子ども」「ADHD のある子ども」などと配慮した表記にすることがよいと考える。

1-2　障害の三つのレベル（ICF）

　「障害」について正しく理解し，援助を行っていくために，福祉や教育，リハビリテーションの領域では，WHO が2001年に採択した**国際生活機能分類**

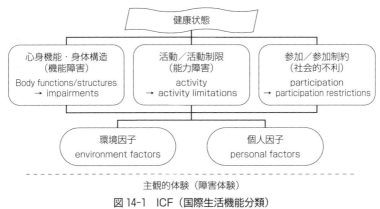

図 14-1　ICF（国際生活機能分類）

（出所）WHO（2002），上田（2005）を一部改変

（International Classification of Functioning, Disability and Health：以下
ICF）に準拠するとよい（WHO, 2002；上田，2005，図 14-1）。ICF では，「im-
pairment」「disability」「handicap」の三つのレベルに対応するものとして，
人の健康状態を「心身機能・身体構造」「活動」「参加」の三つのレベルに分け
ている。これに対応する障害は「機能・構造障害」「活動制約」「参加制限」で
ある。ICF の特徴は，困難がない部分や十分に発揮できる部分，その他の多く
の個人的な要因も人の健康状態に影響するとし，これまでの人のネガティブな
側面のみをとらえる視点を改めた点にある。また，**個人と環境の相互作用**によ
って障害が生じるという立場，障害は社会の中にあるという立場にも立ち（**社
会モデル**），環境因子も明らかにする。一方で，医学は，障害は個人の脳神経
などの身体にあり，個人を治療すべき対象とする**医学モデル**（個人モデル）に
立つとされる。ICF は社会モデルと個人モデルの両側面に立つのが特徴である。

1-3　医学における診断基準

　障害の診断は，医師の専権事項となっている。公認心理師や臨床心理士など
の専門家が，医学的診断をすることは許されてはいない。しかし医療機関で医
師の指示のもとで働く場合や，特別支援教育や福祉などの医療以外のフィール

表14-1 DSM-5の中でも心理職がかかわることが多い障害

1．神経発達症群（神経発達障害群）
2．統合失調症スペクトラム障害および他の精神病性障害群
3．双極性障害および関連障害群
5．不安症群（不安障害）
6．強迫症および関連症群（強迫性障害および関連障害群）
7．心的外傷およびストレス因関連障害群
8．解離症群（解離性障害群）
9．身体症状症および関連病群
10．食行動障害および摂食障害群
14．性別違和
15．秩序破壊的・衝動制御・素行症群
16．物質関連障害および嗜癖性障害群
17．神経認知障害群
18．パーソナリティ障害群

（出所）American Psychiatric Association（2013 髙橋・大野監訳 2014）より作成

ドでも，医学的診断のあるクライエントを援助する場合があるだろう。心理職は，医学的診断について理解しておく必要がある。

多くの医師は，WHOが出している国際疾病分類（最新版はICD-11）やアメリカ精神医学会が出している精神疾患の診断・統計マニュアル（最新版はDSM-5）に準拠し診断を行う（第12章4節参照）。なお，DSMでは，第5版（DSM-5）から，「disorder」を「症」と訳すことになった。わが国では，「○○障害」「○○症」のどちらも混在して使われている。

精神疾患は，生物学的要因，心理的要因，社会的要因が複雑に絡み合って生じ，同じ障害でも様々な原因や障害の発生メカニズムがあるととらえる（**生物―心理―社会モデル**）（第12章2節参照）。そのため，原因を特定化することよりも，患者の症状（行動，状態）に焦点を当て，診断を行う。これは記述精神医学といわれ，DSMやICDにおいて採用されている立場である。留意しなければならないのは，医学診断がなされても，障害の原因や治療方法が明らかになるというわけではないということである。医学的診断により，大まかな治療方針や公的な支援，薬物療法の機会が得られることがあり，それだけでも意義は大きいが，個々人の苦しみや生きづらさは個別的なものであり，その診断に共通する特徴のみで，その人を理解したとはいえないので注意すべきである。

2　心理アセスメントとは

2-1　アセスメントの概念

　援助の対象となるクライエントは，それぞれ固有の悩みや心理的問題があり，その背景も様々である。過去の外傷体験によって生じた問題もあれば，現在の人間関係や集団適応，学業・就業などによって引き起こされている問題もある。家族関係や雑多で刺激の多い教室などの環境上の要因が大きいこともある。心理職は，複雑なクライエントの心理的問題を整理するために，情報収集をし，援助や治療の方針を立てていく。この行為は**心理アセスメント**といわれる。下山（2008）は心理アセスメントを「事例の問題のメカニズムを明らかにし，介入の方針を定めるための情報処理過程」と定義している。ここで強調されているのは，「方針を定める」ということであり，支援や治療を見据えた情報収集と情報の統合が重要視されている（問題のメカニズムの明確化とそれにもとづく方針決定プロセスは**ケース・フォーミュレーション**ともいう）。また，アセスメントは「情報処理過程」であり，心理職が行う一連の行為および分析のプロセスであるということである。「心理検査をやり，分析して終わり」というものではない。

　アセスメントはプロセスであり，そこには「**主訴**」の聴き取り，アセスメントの実施，**結果の解釈**，**フィードバック**，**指針**の提案といった一連の流れがある。これらの一連の流れにおいては，主訴や問題状況に応じて，アセスメント手法を選択し，組み合わせ，多面的な情報を得ていく。そして，得られた情報を総合的に解釈し，主訴や問題が生じたメカニズムに関する仮説を立てていく。フィードバック面接ではその仮説が話し合われ，今後の方針が提案されたり，クライエントと協働で方針を立てていったりする。一連の流れに筋が通っていなければ，「クライエントの心を覗き込んだだけ」とか，「思ってもいない問題が提示され，希望が崩れ去った」などというように，被検査者に弊害が生じてしまう。そもそも人の心や脳の機能を覗き見る行為であり，大きな**侵襲性**がつ

きまとう。アセスメントについての説明を行い，同意を得ること（**インフォー
ムド・コンセント**），クライエントの主訴や願いなどの主観的体験（図14-1）に
応じていくことを十分に心がける必要がある。

2-2　アセスメント方法

　アセスメント方法は，どのように調べるのか（実施法）と，何を調べるのか
（測定内容）のどちらに着目するかで分類のされ方が異なる。以下では，まず，
実施法による分類にもとづいて解説する。

　一般的に，心理アセスメントというとロールシャッハのような**投影法**や**知能
検査**を想起するかもしれないが，アセスメントは検査を実施することだけでは
ない。おおまかに実施法で分類すると，「**面接法**」「**観察法**」「**質問紙法**」「**検査
法**」に分かれるだろう（表14-2）。障害のある方への心理アセスメントでは，
診断のために知能検査などの**フォーマル・アセスメント**を行うことが多いが，
個人の生物学的状況（認知機能）だけで問題が生じているわけではなく，心理
検査だけを実施すればよいわけではない。障害は，活動レベル，社会参加レベ
ルでも生じうるし，環境との関係の中で困難や問題が生じる。そして，何より
も，その苦しみはクライエントの主観的次元で起きている（図14-1）。このこ
とからももっとも重要視されるアセスメント方法は，クライエントや関係者か

表14-2　アセスメント方法

面接法	本人や関係者から対面で話を聞き，情報を収集すること。主訴（問題の内容），生育歴，家族歴と家族関係，教育・治療歴，現在の様子，今後の展望や不安・悩みを聞き取る。
観察法	クライエントの様子を観察し，情報を収集すること。クライエントにかかわりながら観察することは**参与観察**といわれる。
質問紙法	チェックリストや質問紙を本人や関係者に実施すること。発達障害の困難を判定する前段階の**スクリーニング**としての質問紙検査も多く開発されている（黒田，2018）。
検査法	知能検査や発達検査，作業検査，パーソナリティ検査などがある。信頼性・妥当性が確認され，標準化もされている検査は，**フォーマル・アセスメント**といわれる（そうでないものは**インフォーマル・アセスメント**）。行動反応や言語反応を観察し，得点化する「観察法」による検査だけでなく，最近では「質問紙法」や「面接法」による検査も開発され，とくにパーソナリティ検査は質問紙法が主流になっている。

らその状況や思いをしっかりと聞き取ること，つまり面接法である。これらの
アセスメント方法の一長一短を知り，うまく組み合わせることが望まれる（**ア
セスメント・バッテリー**）。

2-3 アセスメント・ツールの種類

　多くのアセスメント・ツールが開発され，世の中に出ている。対象者，心理
的問題の内容，専門領域などによって，用いるアセスメント・ツールは異なる
だろう。測定内容ごとに，代表的な心理検査の種類を表14-3に挙げた。心理
検査は時代的，文化的要因により，古いものは使用しないほうがよいとされる。
たとえば，知能検査は標準化データが古いものであると，得点が高く出てしま
うことが知られ（**フリン効果**），おおむね10年をめどに改訂がなされるようにな
っている。また，検査の素材も同様で，開発された時代やその背景文化に合わ
せた問題（項目）で検査は構成されているので，時代や文化，言語が変わると，
使い物にならない。さらに，検査内容が世の中に流布，露出してしまうと，そ
の問題にやりなれてしまい得点が高く出てしまうので（**練習効果**），その検査
アイテムは用いることができなくなってしまう。これらのことからも，適切に
作られた検査はその制作者や出版社が設定した**コンプライアンス**があり，検査
を扱う資格や条件が明記されるようになった。様々な検査が出版，公開される

表14-3　測定内容による心理検査の分類

分　類	内　容	種類（代表的な検査，略語表記）
知能検査・発達検査	発達	・新版K式発達検査，田中ビネーV
	知能	・ウェクスラー知能検査（WPPSI-III，WISC-IV(V)，WAIS-IV）
	認知	・KABC-II，DN-CAS
パーソナリティ検査	性格	・ミネソタ多面的人格目録（MMPI）
		・ロールシャッハテスト，P-Fスタディ，SCT
		・描画テスト（バウム，HTP，風景構成法）
障害・診断	ASD	・AQ，PARS-TR，ADOS2，M-CHAT，ASSQ
	ADHD	・ADHD評価尺度，CAARS
適応・行動	適応行動	・Vineland II 適応行動尺度，新版S-M検査
	情緒・他	・CBCL，SDQ，ABC-J，感覚プロファイル

ようになったが，検査を扱う者は，その検査ツールの背景にある心理学理論，コンプライアンスや**倫理**，作成・改訂年を理解しておかなければならない。

3　心理アセスメントの意義と限界

3-1　統計特性を知って検査を使う（信頼性，妥当性，標準化）

　心理検査は，体重計や身長計のように高い精度をもつとはいえず，結果数値の扱い方には限界がある。フォーマル・アセスメントの多くが，そのツール自体のもつ測定精度について検証され，ある程度の信頼性・妥当性が得られるように作成されている。各心理検査がもつ信頼性，妥当性の統計特性を知り，それらを加味して，検査結果の解釈を行う必要がある。

　信頼性とは，検査結果の正確性，一貫性，安定性のことである。多くの心理検査で，信頼性係数が0.7〜0.9の高い値が得られているが，高い相関とはいえ，２度目の実施ではその結果がぶれるのである。つまり，測定誤差（測定したい真の値と測定された実際の値の間の差）を考慮しなければならない。多くのフォーマルな検査の場合，その測定誤差から**信頼区間**が示されており，信頼区間の範囲で得点を解釈することが推奨されている（たとえばIQが110（90％信頼区間：104-115）だと，平均（104）から非常に高い（115）範囲にあると記述する）。また，**妥当性**とは，その検査が測定しようとしている内容をどの程度的確に測れているかをさす概念である。知能を測定する２種類の知能検査を実施してみても，妥当性係数は１（完全一致）とはならないように，同じ心理特性を測定しているように見えても，心理検査はそれぞれ測定するものが違う（独自性がある）。認知特性でも，性格特性でも，違う側面から測定したい場合に，この独自性を加味し，**検査バッテリー**を組むことになる。

　さらに，心理検査の結果を適切に利用できるように，多くのフォーマル・アセスメントで，一般の人々のデータが集められ，数値を相対的に評価するための**標準化**がなされている。換算表が準備され，検査の得点（粗点）を母集団の平均と標準偏差を用いて変換した標準得点が算出できる（図14-2）。

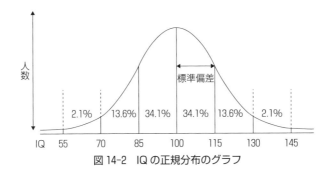

図 14-2　IQ の正規分布のグラフ

3-2　個人間差と個人内差

　心理アセスメントでは，他の人々に比べてどの程度困難があるのか，問題が大きいのか，つまり**個人間差**を測定する。個人と他の人との違いを個人間差というが，標準化された検査の結果はそれ自体，母集団の平均からどの程度離れているかを表しているので，個人間差の測定となる。多くの検査では個人間差を示すために**正規分布**をもとに変換された標準得点（IQ，指標得点，評価点，Ｔ得点，偏差値）が算出される。図 14-2 は平均が100，標準偏差15で正規化された IQ 得点の分布を示す。正規分布は釣り鐘型のグラフとなり，真ん中の得点の者は人数が多くなる。そして，IQ の平均的な範囲は85〜115であり，68%程度の人が平均の範囲に入るようになっている。反対に，平均から 2 標準偏差（30点）以上離れたものは2.1%となり，得点が端に行くほど人数が減っていく。正規分布の幅（標準偏差）をもって，その得点が平均的なのか，低いのか，高いのかを判断する。

　一方で，最近の知能検査やパーソナリティ検査は，個人間差を測定するだけでなく，その個人の中の特性や能力の強弱，得意―不得意，凸凹を測定できるようになっている。これらは**個人内差**といわれる。個人のプロフィールを明らかにすることで，知能検査でわかった強い力は勉強や社会生活などに生かすことができるし，弱い力には配慮をしていくことができる。図 14-3 はある個人のウェクスラー検査の得点プロフィールである（桂野・山下・石崎・岡田，2019）。この事例では，言語理解力（VCI）と切り替え処理（PSI）に困難があ

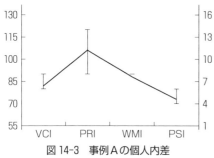

図14-3　事例Aの個人内差
（注）左軸は合成得点（平均100，SD15），右軸
　　　は下位検査評価点（平均10，SD3），高低
　　　線は各指標下位検査の得点範囲を示す。
（出所）桂野他（2019）

る一方で，それらの能力に比べ視空
間認知能力（PRI）に強さがあるこ
とがわかり，視覚支援を多く取り入
れた言語発達支援が行われた。

3-3　心理アセスメントのリスク

　心理アセスメントは医学診断と同
様に，リスクも持ち合わせている。
個人の心理的な問題や知能など，自
己価値や社会的アイデンティティに
かかわる高度な個人情報を扱うことのリスクである。クライエントからしてみ
れば，検査者にそのような情報をあずけることになる不安や懸念感はつきまと
うだろう。また，適切にインフォームド・コンセントがなされない場合，相手
の心情やおかれている立場に配慮できない場合は，クライエントのトラウマ
（心的外傷，第12章参照）や**主体への侵襲**などを生じさせることがあり，有害
である。

　また，検査結果は検査室で検査時間内に，クライエントが示したものにすぎ
ず，それが他の状況でも同じかどうかの判断には慎重にならないといけない。
学校の授業場面と検査室での知能検査実施場面では，だいぶ環境が異なる。検
査結果で推定された心理特性が，そのクライエントの日常生活場面でも表れて
いるのかどうか，確かめなければならない。検査結果はつねに日常生活情報な
どとの照合を行い，生態学的妥当性を確かめなければならない。いかに理論的
に正しくても，**生態学的観点からの解釈**（ウェクスラー，2010 日本版 WISC-IV
刊行委員会，2014）を行わないと，クライエントの生活している実際の場面と
検査結果が結びつかず，たんに机上の空論のアセスメントになってしまう。

　また，高い精度をもって結果が得られ，クライエントの心情に寄り添いなが
ら結果のフィードバックが行われたとしても，検査結果を周りの人や本人が絶
対視してしまい，**スティグマ**を生じさせてしまう場合もある。「あの子どもは

注意機能に問題があるから，雑多な刺激の多い通常学級での学習は難しい」などと負の烙印で制限を課してしまう。検査結果をどう解釈して，クライエントにどのようにフィードバック（共有）するのか，検査の意義と同時に様々なリスクを念頭におかなければならないだろう。

3-4　主観的把握と客観的把握

ICF をもとにした障害や健康状態の理解の枠組みは前述したが，健康状態や障害の三つのレベル「心身機能・身体構造」「活動」「参加」，そしてそれらに密接に関与する「環境因子」「個人因子」は，観察者や面接者が記述したり，アセスメントで数量化したりして把握するものであり，客観的次元の把握であるといえる（上田，2005）。アセスメント行為自体は，カウンセラーが自分のことを理解しようとしてくれている，考えてくれているという感覚を与え，治療的・支持的な意味合いをもつときがある。一方で，あまりにも正確に客観的に理解しようするために，クライエントの**主観的体験**（図14-1）をとらえようとすることを置き忘れてしまう場合もある。青木（2017）は「主観的体験を理解する姿勢（共感的理解）と，表情や言葉などで表出されるものを客観的に観察する姿勢（観察的態度）の２つの姿勢・態度が求められる」と述べている。クライエントの主観的体験は心理検査の数値には表れないものである。インテーク面接などの際に語られる主訴や相談内容，そして，検査結果のフィードバックのときに話し合いの中心となる願いや展望は，まさにクライエントの主観的体験といえる。クライエント個人の感じ方や情動，おかれている立場をいかに共感的に（身体感覚をもって）理解できるか（間主観的理解）が，心理職には問われている。

❖考えてみよう

　アセスメントはクライエントの主訴や障害の種類や程度によっても異なる。軽度の知的障害が推測される幼児（年長児），学校で問題行動を示し ADHD が疑われた中学生，就労がうまくいかず自閉症スペクトラム障害が疑われた青年といった具体的な事例を想定してみて，実際に心理職として心理検査を実施する際に，

気をつけるべきことは何か，①侵襲性やリスク，②客観的把握と主観的把握の意義と限界，③信頼性・妥当性の問題の三つの観点から，考えてみよう。

もっと深く，広く学びたい人への文献紹介

下山 晴彦（2008）．臨床心理アセスメント入門　金剛出版
　　☞認知行動療法・行動療法を背景に，心理職が行う心理アセスメントの基本的な考え方を解説している。内容としては，生物─心理─社会モデル，ケースフォーミュレーション，機能分析（アセスメント）を軸に，事例も踏まえながらアセスメントの進め方を概観している。

青木 省三（2017）．こころの病を診るということ　医学書院
　　☞医者向けの精神科診療の基本について書かれた本であるが，クライエントとの向き合い方，面接のあり方，主訴や生育歴・家族歴のたずね方，障害や病気の診方など具体的な技を取り上げながら，クライエントを深く理解しようとする姿勢や構えを論じている。

加藤 弘通・岡田 智（2019）．はじめによむ発達心理・発達相談の本　ナツメ社
　　☞「発達」の概念と考え方，「障害」の概念ととらえ方，発達相談や養育の意味と利用など，一般の学生，一般の先生，保護者向けに書かれた本である。発達や障害，本人や家族支援のあり方の根本を考えさせる内容である。

引用文献

American Psychiatric Association（2013）. *Diagnostic and statistical manual of mental disorders* (5th ed.). American Psychiatric Publishing.
（日本精神神経学会（日本語版用語監修）髙橋 三郎・大野 裕（監訳）（2014）．DSM-5 精神疾患の診断・統計マニュアル　医学書院）

青木 省三（2017）．こころの病を診るということ　医学書院

桂野 文良・山下 公司・石崎 滉介・岡田 智（2019）．日本版 WISC-IV において CHC モデルと GAI モデルの解釈が有効であった事例　子ども発達臨床研究, *13*, 59-68.

黒田 美保（2018）．公認心理師のための発達障害入門　金子書房

下山 晴彦（2008）．臨床心理アセスメント入門　金剛出版

上田 敏（2005）．ICF（国際生活機能分類）の理解と活用　きょうされん

ウェクスラー, D. 日本版 WISC-IV 刊行委員会（訳編著）（2010/2014）．日本版 WISC-IV 理論・解釈マニュアル／補助マニュアル　日本文化科学社

WHO　障害者福祉研究会（編）（2002）．ICF 国際生活機能分類──国際障害分類改定版──　中央法規出版

第15章　心理療法
——その理論と実践

齋藤暢一朗

もしも子育てに疲れて悩んだ女性が，クライエントとしてあなたのもとへ心理療法を受けに来たらと想像してもらいたい。しかし，あなた自身は子育ての経験がないとする。では，子育てをしたことがないのに，子育てで悩む母親の心理療法を行うことが可能なのはなぜだろうか。それは心理療法にはこの章でみていくように，理論とその方法があるからである。クライエントの問題理解とセラピーの展開を心理療法の理論から導くことができる。この章では理論の習得は不可欠であることと，そして，実践においては理論の習得だけでは十分ではないことも，同時に学んでいってもらいたい。

1　心理療法とは

1-1　心理支援の中における心理療法の位置づけ

　心理療法は心理支援の中の一部である。アセスメント（第14章参照），コンサルテーション，カウンセリング，予防活動など，心理支援の方法，目的は多岐にわたる。そして，他職種を含めたチームでの支援はますます求められている。

　そうした中にあって，心理療法を実践できるということは，ごく簡単にいってしまえば，人の心がなぜ不調になるのか，そしてどのように回復していくのかについての理論をもち，自らを道具として個々のクライエントと取り組んでいけるということである。したがって，そのような心の深部に取り組む心理療法が実践できるということは，その他の心理支援においても，深みと広がりを

もった実践ができることにつながっていく。

1-2　心理療法とカウンセリングの異同

　心理療法とカウンセリングは，重なる部分が多く，とくに実践においては，明確な線引きをすることは難しい。クライエントは困っていることをなんとか解決したいと希望するのであって，その方法が心理療法なのか，カウンセリングなのかについては考えない。ただし，心理支援を行う実務家としては，両者の違いを認識して適材適所に実践すること，あるいは，適切な機関にリファー[1]することが必要になる。

　空井（2004）は心理療法とカウンセリングの違いについて，心理療法を「心因性の症状や異常の存在を前提とし，その除去を第一次的な目標としている」とし，カウンセリングを「症状や異常を前提としておらず，あらゆる種類の問題が取り上げられ，その現実的解決が目標とされる」と指摘している。また，平島（2004）は，両者の違いについて，心理療法は「前意識・無意識レベルの問題まで扱うことがある」とし，カウンセリングは主に意識レベルの問題を扱い，「自己理解を高めたり，自分自身でその問題を解決していけるように援助すること」としている。

　このことを「過大な業務を指示してくる職場の上司との関係で困っている」という主訴のクライエントが来談した場合で考えてみよう。クライエントは上司の態度に日々納得がいかない思いを抱えていながらも，誰にも愚痴を言えず，家族を養うために目の前の仕事をこなすことに精一杯で働いている。あるとき，元気がない様子を心配した同僚が，一度心の専門家に相談することを勧めたのであった。

　さて，カウンセリングではそのような場合，誰にも話せないでいた上司の嫌な態度についてのクライエントの率直な思いを傾聴し，クライエントの気持ちや考えを共感的に理解していくだろう。そのことによってクライエントが上司

➡1　リファー：より適切な専門家や専門機関へとクライエントを紹介すること。

とのかかわり方，今後の仕事の取り組み方についての考えを整理し，自分なりの解決方法を見つけていくことを支えていく。このようにカウンセリングではクライエントの現実的な問題とその解決方法を一緒に見つけていくことになる。

　また，心理療法では，たとえば次のような展開を想定することができる。前出と同じ事例で，クライエントは上司からの過大な業務指示は断るべきであると，頭では理解できているとする。しかし，いざ上司を前にすると断ることができず，それどころか上司に迎合するような振舞いをしてしまう。自分でもなぜそのような非合理的な振舞いをしてしまうのかわからず，毎回自責的になってしまうところまでは自覚できている。心理療法ではそのような背景を探求していき，普段は意識しない自己への気づきや修復的な体験を通して，心理的構造の変容を目指していく。そうした中で，たとえばそれまでは意識していなかった幼少の頃のいじめ被害の体験が浮かび上がり，その体験が成人してからの人間関係，とくに自分よりも力をもつ者との人間関係のあり方に強い影響を与えていることが明らかになるかもしれない。このように心理療法ではクライエントが普段意識するよりも深い部分に取り組んでいく。

1-3　心理療法が始まるまで

　心理療法は支援者側の判断だけで行うことはできない。心理療法が開始されるまでには様々な準備が必要であり，その準備自体も心理療法の専門的な実践である。そこにはクライエントとセラピストの間での準備，クライエントの準備，そして場の準備がある。

　まずセラピストとクライエントの関係においては，心理療法を行う目的，方法，頻度，回数などのほか，心理療法が展開していく中で想定されるリスクも事前に説明しておくことが求められる。そして，そもそもクライエントが心理療法を求めているかどうかの意思確認が必要である。

　また，心理療法では意識よりも深いレベルに取り組んでいく。そのため場合によっては，普段は保たれている心理機能が十分に発揮できず，心理的な安定が崩れることも起こり得る。クライエントにそうした深い揺れ動きに取り組む

ことができる心理的資質があるか，あるいはそのようなことに継続的に取り組んでいける社会生活状況なのかをセラピストはアセスメントする必要がある。

　セラピストがどのような場で心理療法を行うのかも重要な点である。医療機関で治療の一環として行われるのか，私設の相談室でクライエントの自主来談で有料で行われるのか，1年更新制の非常勤身分のカウンセラーとして公立の教育機関で行うのかによっても扱える内容や目標も異なってくる。このようなことは倫理面だけではなく，クライエントの心理療法に対する動機づけのためにも重要である。

2　様々な心理療法

2-1　精神分析

　精神分析理論は19世紀のウィーンの精神医学者であるフロイト（Freud, S.）が創始した。フロイトはヒステリー症例に対する催眠を用いた治療を通して，人間の無意識と症状の関係を発見した。その後，催眠ではなく自由連想法を用いて，無意識の探求を行っていった。やがて精神分析の人格理論，治療理論を構築した。まず人格理論では，本能的で欲動的な機能である**エス**（es），秩序感覚や社会規範を司る機能である**超自我**（super ego），エスと超自我を調整し，外界と適応する機能である**自我**（ego）による心の**構造論**を提唱した。そして，人間の心理的な成長・発達について口唇期，肛門期，男根期などの発達段階を想定する**心理―性的発達論**を提唱した。

　治療理論では，クライエントに生じている無意識的経験について，言語を介したレベルに意識化できるように取り組んでいくことが目標とされる。そこで

➡ **2**　口唇期：おおよそ2歳ごろまでの時期。主に母親の乳房から栄養をもらう時期で，心理的には欲求充足的な依存の中で，基本的な信頼感が育まれるとされる。

➡ **3**　肛門期：おおよそ2歳から4歳ごろまでの時期。親の躾による排泄のコントロールを通して，自律感覚を育むとされる。

➡ **4**　男根期：おおよそ3歳から5歳ごろまでの時期。性器への関心を通して，自分の性別，同性の親への同一視をするようになるとされる。

は，セラピストによる明確化や解釈そして直面化が行われる。また，クライエントからセラピストに向けられる情緒的経験を**転移**，セラピストからクライエントに向けられる情緒的経験を**逆転移**とし，こうした転移の解釈を治療促進的な素材として活用した。

　その後，精神分析理論は，アンナ・フロイト（Freud, A.）らの**自我心理学**，クライン（Klein, M.）らの**対象関係論**，コフート（Kohut, H.）らの**自己心理学**，ミッチェル（Mitchell, S. A.）らの**関係精神分析**というように様々に発展しており，それぞれに認識論と方法論に違いがある。また，ロールシャッハをはじめとする**投影法検査**において，精神分析理論にもとづいた解釈方法からデータを分析するアプローチ（馬場，1999）など，精神分析理論の活用は面接以外にも展開していった。

2-2　クライエント中心療法

　クライエント中心療法は，アメリカのロジャーズ（Rogers, C. R.）によって創始された。日本でも教育分野をはじめ，広く実践されている。「カウンセリング」とは狭義にはクライエント中心療法をさすとする考えもある。クライエント中心療法の基本である受容的，共感的に相手の話を聞く態度は，心理療法に限らず，看護，教育，ビジネスの領域にも浸透している。

　クライエント中心療法では，有機体のもつ成長・自己実現へと向かう力がそもそも個々人に備わっていると考えている。とくにクライエントのパーソナリティに変容が生じるために必要なセラピストの態度は，学派を超えて大きな影響を与えた。すなわち，「**誠実さ**（初期の理論では「**自己一致**」）」「**無条件の肯定的関心**」「**共感的理解**」である。誠実さはセラピスト側の経験と自己構造が一致していることである。たとえば，クライエントが面接の予約時間に遅刻した際に，もしセラピストがクライエントに憤りを感じたならば，それを否認せずにその体験をクライエントに伝える態度である。無条件の肯定的関心は，クライエントの発言や行動をセラピストが価値判断せず，まずは温かく，尊重する態度である。そして共感的理解は，クライエントの経験や感情をセラピストは

できるだけありのままに理解し，応答することである。このように書くとじつにシンプルでわかりよい理論であるが，セラピストの態度として実践するのはけっして容易ではなく，セラピスト自身の成長と表裏一体であることが実感される。

　クライエント中心療法は個人面接だけではなく，**エンカウンターグループ**と呼ばれるグループセラピー（あるいはグループカウンセリング）にも発展した。また，ロジャーズの共同研究者であったジェンドリン（Gendlin, E. T.）は，パーソナリティ変容が生じる際のクライエント側の条件を探求していった。そして，まだ言葉にならない意味のある感覚である「**フェルト・センス**」という概念に代表される**フォーカシング**理論を展開した。

2-3　認知行動療法

　認知行動療法は学習理論にもとづく**行動療法**と，認知理論・情報処理理論にもとづく**認知療法**を統合した理論である。行動療法は恐怖条件づけに代表されるように，症状や問題を学習の結果として理解し，**拮抗条件づけ**，**系統的脱感作**などを通して再学習していくアプローチである。治療効果のエビデンスが支持されているトラウマの心理療法の一つである長時間暴露療法では，トラウマ反応の形成から治療までを行動理論で説明している。

　また，**オペラント条件づけの強化随伴性**の原理をもとに問題を理解し，修正

➡ **5**　恐怖条件づけ：学習心理学における古典的条件づけの一つ。例として，歯科治療で強い痛みを経験した人が，白衣を見るだけで恐怖を感じるようになること。

➡ **6**　拮抗条件づけ：例として，白衣恐怖の人が白衣を見ながらも，同時にリラクゼーション法によってリラックス感を得ることで，白衣に対する恐怖が低減されること。

➡ **7**　系統的脱感作：不安・恐怖場面を喚起力の弱いものから強いものへと階層化し，それらを弱いものから順に全身の弛緩状態と拮抗させて，不安・恐怖を低減させていくこと。

➡ **8**　長時間暴露療法：主にトラウマと関連するものについて，不安や恐怖感情が慣れていく（馴化）まで，イメージや現実場面に安全な形で繰り返し直面させる（曝露）方法。

➡ **9**　強化随伴性：自発的な反応（オペラント行動）に強化子（報酬や罰などの刺激）が提示される関係で，オペラント条件づけの基本となるもの。

を図っていくモデルも認知行動療法の重要な構成理論である。強化随伴性の原理をクライエントの問題の構造理解にも応用し，**ケース・フォーミュレーション**（第14章参照）として事例を定式化する。認知行動療法ではこうした問題理解の枠組みをクライエントにもオープンにして共有する点に，セラピーにおけるクライエントとの関係性の特徴が表れているといえる。

　認知療法は精神分析医であったベック（Beck, A. T.）が，主にうつ病患者の治療法として精神分析の効果をより簡易な形でモデル化したものである。このモデルは，うつ症状と否定的認知との関連性にもとづいており，**認知再構成法**[10]のコラム表に代表されるように，意識化されない思考習慣である**自動思考**を特定していき，自らの認知様式への気づきと適応的な思考の習得を目指す。

　マイケンバウム（Meichenbaum, D. H.）によって行動療法に認知的技法が取り入れられるなどし，今日の認知行動療法と呼ばれる体系に発展した。認知行動療法は**ストレスマネジメント**のように予防的な活用もあれば，気分障害，不安症，統合失調症の治療手段としての活用もある。また，疾患別のモジュール化，他のアプローチとの統合など，現在も発展している。

2-4　集団療法

　集団療法は医療機関において同様の疾患を抱える患者同士の相互扶助などの取り組みとして古くから実践されていた。精神分析的な流れをもつウィーンのモレノ（Moreno, J. L.）が**サイコドラマ（心理劇）**を創始し，後の集団療法にも大きな影響を与えることになった。サイコドラマでは，主役となる一名と他のメンバーがディレクターの指示を受けて様々な役割を演じる。メンバーは主役の補助自我的な役割になる。したがって，集団で行うが，セッションの目的は主役のクライエントの支援となる。

　クライエント中心療法から発展した**ベーシック・エンカウンターグループ**では，メンバーの中の特定の一名のためにグループセッションが行われるのでは

➡**10**　認知再構成法：ストレス場面で浮かんでくる考えやイメージ（自動思考）について，現実と照らしながらバランスの取れた思考へと修正していく方法。

なく，非指示的なグループそのものの課題をメンバーが自主的に克服していくことで，個人の心理的成長とグループの成長とがともに展開していく。また，グループの課題や役割をある程度設定した**構成的エンカウンターグループ**もある。これはメンバーにとっては比較的安心してグループに取り組むことができるため，学校現場で実践されることも多い。

　集団療法自体が独自の理論をもつというよりも，集団という形態を総称した呼称である。したがって，サイコドラマ，エンカウンターグループ，集団認知行動療法，ソーシャルスキルトレーニング等，もとの理論は様々である。ただし，個人療法では得られない集団がもつ大きな作用があるという点は，どの方法にも共通しているといえる。

2-5　家族療法

　家族療法は家族を一つの単位として問題や症状の発生および維持をとらえ，その解決のための方法をまとめた体系である。精神分析学派，システム理論やコミュニケーション理論にもとづく学派，社会構成主義にもとづく学派，認知行動療法の流れを汲む学派など，様々である。

　初期の精神分析の流れを汲む家族療法では，個人の症状や問題行動の背後には，その個人の家族関係上の葛藤や機能不全など，その家族が抱えている隠された問題が本質的にあると考えた。ごく単純化した例として，子どもが不登校になっているのは，夫婦関係や嫁姑関係が水面下で葛藤状態にあり，そうした家族内の歪みを子どもが不登校という問題として無意識的に表現していると考える。そのため，家族内の未解決な葛藤を解決していくために家族面接を行っていく。

　また，家族を一つのシステムとしてとらえた**システム派家族療法**理論では，症状や問題をめぐる家族のコミュニケーション行動について，フィードバックメカニズムを通した円環的なシステムとしてとらえる。つまり，家族があの手この手で問題の解決を試みても，システムのレベルでは同じことを繰り返しているだけだと考える（**第一次変化**）。そこで，家族療法を行うセラピストは，ま

ずは家族システムに入り（**ジョイニング**），次第に家族システムに変化を起こすために，リフレーミング¹¹や逆説的指示¹²と呼ばれる様々な介入を積極的に行い，家族システムに質的な変化（**第二次変化**）を起こすことで問題解決を目指していく。

ホワイト（White, M.）の**ナラティブ・セラピー**に代表される社会構成主義にもとづく家族療法は，症状や問題は客観的に存在するものではなく，社会そのものの中にある支配的な語り（**ドミナント・ストーリー**）によってつくられるという発想の根本的な転換を図った。そこではセラピストは問題解決の専門家ではなく，クライエントこそが問題解決の専門家であると考える。セラピストの態度としての「**無知の姿勢**¹³」をはじめとする様々な方法論的な転換も行われた。

2-6　ブリーフサイコセラピー

ブリーフサイコセラピーは短期心理（精神）療法とも訳され，短い期間で効果的な心理療法を行うアプローチを総称している。心理療法の多くは，人格の変容など深いレベルの意識や行動の変容を目指すため，比較的長期間にわたることが多い。一方で，ブリーフサイコセラピーはアメリカの合理主義，プラグマティズム，医療経済的事情などの影響を受けて発展してきた。そのため，ブリーフサイコセラピーには様々な方法が玉石混淆的に存在し，現在も発展と統合が活発に行われている。

EMDR（Eye Movement Desensitization and Reprocessing）は「眼球運動による脱感作および再処理法」と訳され，主にトラウマへの心理療法としてシェピロ（Shapiro, F.）によって開発された。眼球運動などの**両側性刺激**が脳内

→**11**　リフレーミング：物事を違った枠組みでとらえなおすことで，それらの意味づけを変化させ，物事や関係者間の相互作用を変化させる方法。
→**12**　逆説的指示：問題状況の解決を試みる行動が，かえって問題状況を維持している場合に，あえて問題状況を作るような指示を出すこと。例として，赤面恐怖の人に，あえて人前で赤面するよう努力する行動を指示すること。
→**13**　無知の姿勢：セラピストはクライエントに対しては無知であるという前提にもとづき，クライエント自身から教えてもらう立場としてクライエントを理解していく姿勢のこと。

の情報処理ネットワークを適応的に修復していくという機序仮説がある。EMDRには8段階の手続きモデルがあり，実施方法が構造化されている。

SE™（Somatic Experiencing®）は，ラヴィン（Levine, P.）によって開発された身体指向のトラウマ治療の方法である。野生動物は天敵に襲われてもトラウマ化しない点に注目し，人間にも本来動物がもっている自然で本能的な「エネルギーの解放」を導くための方法としてSE™を体系化した。それまで言語を媒介として思考，感情，イメージを主に扱っていた心理療法に，身体感覚を取り入れたことで，その後の心理療法の発展と他分野との協働を促す大きな流れを作り出したといえる。トラウマ体験に直面化させるのではなく，心身の肯定的感覚が得られるリソース（安定・安心感の身体感覚）を器として，トラウマ的な体験を**タイトレーション**（滴定）で徐々に扱っていく。こうしたワークを通してエネルギーの解放（**ディスチャージ**）や神経系のレジリエンスを高めていく。

BSP（Brainspotting「ブレインスポッティング」）はEMDRとSEを統合する形でグランド（Grand, D.）が開発した方法である。スポーツ選手のパフォーマンス向上から複雑なトラウマを抱えるクライエントの治療まで，その対象は幅広い。BSPではストレスイベントを想起した際に，視線の向きによって身体感覚の活性化が異なる点に着目する。セラピストはクライエントに活性化が生じる視線の向きを同定し，その活性化が処理されるプロセスを促進させるためにガイドし，適宜介入を行う。BSPでは活性化への気づきを通して**マインドフルネス**（mindfulness）の状態を得られやすい。

マインドフルネスは，一つの心理療法理論というよりも「今，この瞬間の自分に起きている体験に意図的に注意を向け，それに評価や判断をせずに，ただそこに気がついている」状態のことをさす。私たちは抑うつや不安があると，否定的な思考や感情，身体感覚を経験する。そして，それをどうにかしようと努力するが，そのことによって結果的にその状態に捕らわれてしまう。マイン

➡14　タイトレーション（滴定）：トラウマ治療においては，ごく小さいトラウマ関連刺激から扱い，次第に扱う量や質を増やしていくこと。

ドフルネスはそうした苦痛な状態を改善しようと努力するのではなく，ただあるがままに体験できるようになることを目指していく。仏教の瞑想をカバット・ジン（Kabat-Zinn, J.）がマインドフルネスとして体系化したものである。脳科学の発展とともにマインドフルネスによる心身への作用機序の解明も進んでいる。

2-7　その他の心理療法

　心理療法は世界に数百種類あるといわれている。以下に日本においても多く実践されている心理療法の例を示す。

　芸術療法は，言語だけでは表現できない人間の全体性を芸術活動によって表現し，セラピストと交流する点に大きな特徴がある。絵画療法，音楽療法，箱庭療法，ダンスセラピー，コラージュ療法などがあり，芸術療法はその総称である。

　遊戯療法は遊びを主なコミュニケーション手段，および表現手段として行われる心理療法である。主に言語表現が未熟な子どもが対象となるが，必ずしも小児に限るものではない。芸術療法と合わせて実践されることも多い。

　森田療法は森田正馬によって創始された神経症に対する心理療法である。神経症の発生機序として弱力性（内向性・心配性・過敏症・心気症・受動的）と強力性（完全欲・優越欲求・自尊欲求・健康欲求・支配欲求）を合わせ持つ性格と，注意と感覚の悪循環である「精神交互作用」を唱えた。その治療目標をごく端的にまとめるとすれば，症状に思い悩むことも含めてあるがままに自分を受け入れていくことである。

　臨床動作法は，成瀬悟策により開発された，動作を通して心理的問題を改善する心理療法である。たとえば，肩の上げ下げといった一見何気ない動作を通して，自分の身体を感じ，動作を変えていく工夫や試行錯誤をしながら，うまくいかなくなっている自分のありようを変えていく。セラピストはその過程を適切に援助する。動作を通じて心理状態や自己に気づき，調整を目指すという点で身体志向の心理療法である。

3　心理療法において求められる支援者の態度・倫理

3-1　心理療法家の研鑽と成長

　どの心理療法にも共通することは，クライエントとセラピストの関係性が心理療法の展開に影響を与えるということである。セラピストも一人の生身の人間である。心理療法でクライエントの心の深い部分に触れるとき，セラピスト側も意識的，無意識的に影響を受ける。その際，セラピスト自身が専門家として，そして一人の人間としての自己理解ができていることが求められる。

　言うまでもなく，専門的な知識や技法の習得のために継続的に研修を重ねて専門性を維持することは最低限必要である。そうした知識や技法の習得だけではなく，**スーパーヴィジョン**を通した他の専門家からの助言，教育分析[15]や自らが抱える課題についてのクライエント体験を通して成長する機会も必要である。心理療法を行う者は日々研鑽し，成長していくことが必要である。

3-2　心理療法にまつわる倫理

　クライエントは，自分の中だけに秘めている経験を様々なレベルでセラピストと共有することになるため，心理療法の場は何よりも安全で安心できるものでなくてはならない。そのために求められるのがセラピストの**倫理**である。

　倫理とは一般に，人々の行動や姿勢・態度などをめぐる規範をさす。心理療法家であれば，とくにその職業規範である。心理支援や心理療法はクライエントの利益のために行われるが，たとえセラピスト個人がクライエントのためを思っていたとしても，セラピストを取り巻く社会の規範から外れてしまってはならない。

　心理療法の実務家であれば，職能団体の倫理規程，特定の理論や方法についての学術団体の倫理規程，職場の規則や規律など倫理的な要請は複数にまたが

→15　教育分析：主に精神分析家の訓練の一環として，自らがクライエントとして精神分析家から精神分析を受けること。

る。そして，法や制度の変化，研究の蓄積，テクノロジーの発展など時代の変化とともに心理療法において求められる倫理も変化していくため，自らの倫理性についても考え続ける必要がある。

3-3　心理療法における専門性とその限界

　心理療法は万能ではない。急性期の精神病症状を呈する人には週に1回の心理療法ではなく，まずは精神科での薬物療法と環境調整が必要である。また，離婚の慰謝料と親権をめぐる問題においても，第一選択は心理療法ではなく，まずは法の専門家への相談が必要になるだろう。

　このように自らの**専門性の限界**を認識することもまた，専門家に必要なことである。専門性の限界としては，心理療法自体の限界，特定の心理療法理論の限界，心理療法家個人の経験や技量の限界が考えられるだろう。そのような限界性を認識し，それをクライエントに説明し，クライエントが主体的に判断，選択できるよう，セラピストには誠実な態度が求められる。そして，自らの専門性の限界を認識することで，他職種や他機関との有機的な**連携**も生まれてくるといえる。

❖考えてみよう

　寝床で長時間スマートフォンを使用するために就寝時間が遅くなり，翌日に寝坊してしまったり，睡眠不足になったりしているクライエントが，「朝起きられない」という主訴で相談したとする。正論的には「寝る前はスマートフォンを使わず，早く寝る」ということになるが，そのようなことが必要なのはクライエントが一番わかっているだろう。では，心の専門家としてはどのようにこの主訴を考えることができるだろうか。

📖もっと深く，広く学びたい人への文献紹介
馬場　禮子（1999）．精神分析的心理療法の実践──クライエントに出会う前に　岩崎学術出版社
　☞精神分析に限らず，心理療法の本質的な内容が書かれている。初学者だけでなく，実務家にも有用な一冊。

鍋田　恭孝・福島　哲夫（1999）．心理療法のできることできないこと　日本評論
　　社
　　☞本章でも触れた心理療法の限界について，様々な理論，現場，対象から詳
　　しく書かれている。

引用文献

馬場　禮子（1999）．改訂　ロールシャッハ法と精神分析──継起分析入門──
　　岩崎学術出版社
平島　奈津子（2004）．「勘違いのコミュニケーション」を活かす（特別企画　カウ
　　ンセリングと心理療法──その微妙な関係）こころの科学，*113*，76-79.
空井　健三（2004）．カウンセリングと心理療法の見方さまざま（特別企画　カウ
　　ンセリングと心理療法──その微妙な関係）こころの科学，*113*，47-50.

索　引

216

218

《監修者紹介》

川畑直人（かわばた　なおと）
　京都大学大学院教育学研究科博士後期課程中退　博士（教育学）
　William Alanson White Institute, Psychoanalytic Training Program 卒業
　公認心理師カリキュラム等検討会構成員，同ワーキングチーム構成員
　公認心理師養成機関連盟　理事・事務局長
　現　在　京都文教大学臨床心理学部　教授　公認心理師・臨床心理士
　主　著　『対人関係精神分析の心理臨床』（監修・共著）誠信書房，2019年
　　　　　『臨床心理学──心の専門家の教育と心の支援』（共著）培風館，2009年　ほか

大島　剛（おおしま　つよし）
　京都大学大学院教育学研究科修士課程修了
　17年間の児童相談所心理判定員を経て現職
　現　在　神戸親和女子大学文学部　教授　公認心理師・臨床心理士
　主　著　『発達相談と新版K式発達検査──子ども・家族支援に役立つ知恵と工夫』（共著）明石書
　　　　　店，2013年
　　　　　『臨床心理検査バッテリーの実際』（共著）遠見書房，2015年　ほか

郷式　徹（ごうしき　とおる）
　京都大学大学院教育学研究科博士後期課程修了　博士（教育学）
　現　在　龍谷大学文学部　教授　学校心理士
　主　著　『幼児期の自己理解の発達──3歳児はなぜ自分の誤った信念を思い出せないのか？』（単
　　　　　著）ナカニシヤ出版，2005年
　　　　　『心の理論──第2世代の研究へ』（共編著）新曜社，2016年　ほか

《編著者紹介》

加藤弘通（かとう　ひろみち）
　中央大学大学院博士後期課程単位取得後退学　博士（心理学）
　現　在　北海道大学大学院教育学研究院　准教授　公認心理師・臨床心理士
　主　著　『問題行動と学校の荒れ』（単著）ナカニシヤ出版，2007年
　　　　　『子どもの発達が気になったら　はじめに読む発達心理・発達相談の本』（共著）ナツメ社，
　　　　　2019年　ほか

川田　学（かわた　まなぶ）
　東京都立大学大学院人文科学研究科博士課程単位取得退学　博士（心理学）
　現　在　北海道大学大学院教育学研究院附属子ども発達臨床研究センター　准教授
　主　著　『乳児期における自己発達の原基的機制──客体的自己の起源と三項関係の蝶番効果』（単
　　　　　著）ナカニシヤ出版，2014年
　　　　　『保育的発達論のはじまり──個人を尊重しつつ，「つながり」を育むいとなみへ』（単著）
　　　　　ひとなる書房，2019年　ほか

《執筆者紹介》

加藤弘通 (かとう　ひろみち) 編者, 序章, 第10章
　　北海道大学大学院教育学研究院　准教授

川田　学 (かわた　まなぶ) 編者, 第4章
　　北海道大学大学院教育学研究院附属子ども発達臨床研究センター　准教授

荒川　歩 (あらかわ　あゆむ) 第1章
　　武蔵野美術大学造形構想学部　教授

日高茂暢 (ひだか　もとのぶ) 第2章
　　佐賀大学教育学部　講師

河西哲子 (かさい　てつこ) 第3章
　　北海道大学大学院教育学研究院　教授

伊藤　崇 (いとう　たかし) 第5章
　　北海道大学大学院教育学研究院　准教授

上宮　愛 (うえみや　あい) 第6章
　　金沢大学人間社会研究域　講師

大久保智生 (おおくぼ　ともお) 第7章
　　香川大学教育学部　准教授

樋口匡貴 (ひぐち　まさたか) 第8章
　　上智大学総合人間科学部　教授

大谷和大 (おおたに　かずひろ) 第9章
　　北海道大学大学院教育学研究院　講師

坂井敬子 (さかい　けいこ) 第11章
　　和光大学現代人間学部　准教授

藤本昌樹 (ふじもと　まさき) 第12章
　　東京未来大学こども心理学部　教授

藤岡大輔 (ふじおか　だいすけ) 第13章
　　北海道大学学生相談総合センター　講師

岡田　智 (おかだ　さとし) 第14章
　　北海道大学大学院教育学研究院附属子ども発達臨床研究センター　准教授

齋藤暢一朗 (さいとう　ちょういちろう) 第15章
　　北海道教育大学大学院教育学研究科　准教授

公認心理師の基本を学ぶテキスト②

心理学概論
——歴史・基礎・応用——

2020年5月10日　初版第1刷発行	〈検印省略〉
2023年1月30日　初版第2刷発行	定価はカバーに 表示しています

監 修 者	川畑　直人
	大島　剛
	郷式　徹
編 著 者	加藤　弘通
	川田　学
発 行 者	杉田　啓三
印 刷 者	田中　雅博

発行所　株式会社　ミネルヴァ書房

607-8494　京都市山科区日ノ岡堤谷町1
電話代表　(075)581-5191
振替口座　01020-0-8076

ISBN978-4-623-08704-4

Printed in Japan

公認心理師の基本を学ぶテキスト

川畑直人・大島　剛・郷式　徹　監修

全23巻

Ａ５判・並製・各巻平均220頁・各巻予価2200円（税別）・＊は既刊

--- ミネルヴァ書房 ---

https://www.minervashobo.co.jp/